Ulrich und Greti Büchi/Ignaz Cathomen
Die Menhire auf Planezzas/Falera

Ulrich und Greti Büchi/Ignaz Cathomen

Die Menhire
auf Planezzas/Falera

Die Megalithe der Surselva, Graubünden

Eigenverlag Forch/Rothenhäusler Verlag Stäfa

Titelbild:
Hauptalignement mit Menhiren 1–5
Blick gegen Ostnordost

Die Menhire auf Planezzas/Falera
Band VIII der Schriftenreihe «Die Megalithe der Surselva»
(Titelverzeichnis Band I–VII siehe Seite 116).

© 1990 Eigenverlag Forch/Rothenhäusler Verlag Stäfa
2. Auflage 1995
Satz und Druck: Zürichsee Druckereien AG, 8712 Stäfa
Einband: Buchbinderei Burkhardt AG, Mönchaltorf
ISBN 3-907960-36-X
Printed in Switzerland

Beiträge, Mitarbeit und briefliche Mitteilungen:

Frau Erika N. Amberg	Dipl. Kult- und Vermessungsingenieurin ETH, Sargans
	Vermessung der Megalithanlage Planezzas/Falera
Dr. K. Bächtiger	Geologe ETH, Zürich
	Bestimmung von Gesteinsproben
G. G. Coray	Ilanz
	Archäo-Astronomie
Prof. Dr. R. Hantke	Geologe ETH, Zürich
	Bestimmung von Gesteinsproben
M. Höneisen	Schweizerisches Landesmuseum, Zürich
	Untersuchung von 2 Keramikstücken
Dr. K. Hünermann	Konservator, Paläontologisches Institut der Universität Zürich
	Bestimmung eines Säugetierknochens
Prof. Dr. T. Peters	Mineralogisch-petrographisches Institut der Universität Bern
	Röntgenuntersuchungen eines Keramikstückes (gebrannter Ocker)
Frau T. Riesen	Universität Bern
	Altersbestimmungen mittels Radiokarbonmethode
Dr. H. Schmid	St. Gallen
	Bearbeitung nomenklatorischer Fragen
Dr. H. R. Schwarz	St. Peter GR
	Kultastronomische Peilsysteme
P. Späni	Winterthur
	Menhire bei St. Remigius Falera, Aquarell
Prof. Dr. A. Wölfli	ETH Zürich
	Altersbestimmungen mittels Radiokarbonmethode
Dr. R. Wyss	Geologe, Büro Büchi + Müller AG, Regensdorf
	Bestimmung von Gesteinsproben

Präambel

Die Sonne wird nicht mehr dein Licht sein am Tage, und der Glanz des Mondes dir nicht mehr leuchten; sondern der Herr wird dein ewiges Licht sein und dein Gott deine Herrlichkeit. Deine Sonne wird nicht mehr untergehen und dein Mond nicht schwinden; denn der Herr wird dein ewiges Licht sein, und die Tage deiner Trauer haben ein Ende.

(Jes. 60:19–20)

Diese Schrift wurde in Druck gegeben, nachdem mein Mann und ich am Tage, da er uns verliess, den Schlussstrich unter das Manuskript gesetzt hatten. Das einleitende Wort aus Jesaja fand ich unter den ergänzenden und nachzutragenden Notizen meines Mannes zum vorliegenden Band, dem ich es jetzt als Leitmotiv voranstellen möchte. Möge es allen ein Wegweiser sein über das Mass von Zeit und Raum hinaus.

Greti Büchi

Menhire bei St. Remigius, Falera
Aquarell von Peter Späni

Vorwort

Dank den Forschungen und Ausgrabungen von W. Burkart ist das Gebiet der Muota/Falera seit mehr als 50 Jahren als bronzezeitliches Siedlungsgebiet ausgewiesen (siehe u. a. Jb SGU Nr. 27/35, 31/39, 32/40–41, 33/42, 34/43, 35/44, 39/48, 42/52, A. C. Zürcher 1974 und 1982).

Es war auch W. Burkart, der bereits im Jahre 1935 auf 6 säulenartige Felsblöcke im Gebiet von Planezzas, der nördlich der Muota gelegenen gut 250 m langen und bis 80 m breiten Terrasse, aufmerksam machte. Gemäss seinen Ausführungen betrugen die Abstände zwischen den Blöcken ca. 19 m bzw. ein Vielfaches davon. Burkart brachte diese Blöcke, wie auch die Schalensteine in der näheren Umgebung mit der bronzezeitlichen Siedlung auf der Muota in Zusammenhang. Mit der Steinreihe von Planezzas befasste sich später J. Maurizio (1948) und erkannte ihre astronomische Ausrichtung zum Sonnenaufgang am Taminser Calanda am 21. Mai und 21. Juli, d. h. je einen Monat vor und nach der Sommersonnenwende (Abb. 1).

Er machte ferner auf die Verlängerung der Alignement-Richtung gegen SSW aufmerksam; sie schneidet nämlich die Kirchen Ladir und Ruschein. In der näheren Umgebung der Kirche Sogn Sein/Ladir sind mehrere prähistorische Steinsetzungen nachgewiesen. Im Kirchenareal Sogn Gieri/Ruschein wurden bronzezeitliche Gräber gefunden, und wenige Meter nördlich und westlich dieser Kirche beginnen die Megalithanlagen des Frundsberges, auf dessen Krete westlich der mittelalterlichen Ruine bronzezeitliche Siedlungsreste ausgegraben wurden. Die beiden Kirchen von Ruschein und Ladir wie auch die Kirche Sogn Rumetg/Falera liegen somit auf einer urgeschichtlichen Kultlinie und stehen mit Sicherheit auf drei vorchristlichen Kultstätten, für welche die Sonne am 21. Mai und 21. Juli gleichzeitig an der gleichen Stelle am Horizont aufgeht.

Diese Kultlinie schneidet sich im Crap de Tirans am Frundsberg mit einer kultgeographischen Nord-Süd-Peilachse, die bereits J. Maurizio mit dem Schalenstein von Tersnaus und dem Teufelsstein oberhalb Peil/Vals verknüpfte. Auf der gleichen Linie liegen ferner der Crap dil Giavel und der Crap da treis Siarps unterhalb Pleif/Vella. Der Relaispunkt zwischen den Geländekammern Vorderrheintal und Lumnezia-Valsertal befindet sich bei der Kapelle Sogn Carli am Ostabfall des Mundaun (U. und G. Büchi, 1984, und J. Maurizio, 1948); eventuell früher vorhanden gewesene Megalithe wurden in diesem Bündnerschiefergebiet schon längst für Bauzwecke verwendet.

In seinem Buch «Graubünden. Die verzauberten Täler» spricht der verstorbene Bischof Christian Caminada (1961, Reprint 1986) von einer «Sonnenkultlinie, die sich mit einer Nordsüd-Kultlinie schneidet». Auch die «Sonnenuhr», der Sonnenstein auf der Westflanke der Muota, wird bereits von Caminada erwähnt, wobei er sich auf eine Beschreibung von W. Oswald abstützt.

Seit ihrer Beschreibung durch J. Maurizio wurde diesen urgeschichtlichen steinernen Zeugen über mehr als 3 Jahrzehnte kaum Beachtung geschenkt und wenig Verständnis entgegengebracht. Nach wie zuvor dienten die Megalithe*) auf Planezzas, der Allmend von Falera, zur Gewinnung von Baumaterial für Mauern und Wege, viele wurden zerstört. Frau Gabathuler aus St. Gallen, die einen Teil ihrer Jugendjahre in Falera verbrachte, erzählte uns vor wenigen Jahren, dass damals auf Planezzas noch ein grosser Steinring (Cromlech) bestand, innerhalb welchem die Kinder gerne spielten. Auf einer Foto von Falera um die Jahrhundertwende ist ferner westlich der Kirche Sogn Rumetg noch eine Steinreihe aus 4 grossen Blöcken zu erkennen, die inzwischen bis auf den östlichsten Block zerstört wurde. Aufgrund der Foto lässt sich ein Azimut von ca. 95° rekonstruieren, somit eine Visur zum Sonnenaufgang an den Tagundnachtgleichen am Nahhorizont der Muota. In unserer Publikation (1976) haben wir ein Doppel-Alignement am Rande des heute drainierten Moores zwischen Planezzas und Dorf beschrieben, welches zum Sonnenaufgang zur Zeit des Sommersolstitiums weist. Seither wurden auch in diesem Abschnitt mehrere Steine weggeräumt.

---

*) In der neueren Literatur, die sich mit prähistorischen Steinsetzungen befasst, taucht für den Begriff Megalith vermehrt die Mehrzahlform «Megalithen» auf. Da wir in den bisher publizierten Bänden stets die in den Erdwissenschaften herkömmliche Mehrzahlform …lithe (Zeolithe, Ophiolithe etc.) verwendet haben, behalten wir im Interesse einer einheitlichen Terminologie diese Schreibweise, nämlich Megalithe, bei.

Durch den persönlichen Einsatz von Herrn Ignaz Cathomen und einen namhaften Druckkostenbeitrag an die Publikation «Die Megalithe der Surselva Bd. I Muota/Falera» durch die Gemeindebehörden Falera begann die Bedeutung der Megalithanlage von Planezzas nicht nur der lokalen Bevölkerung, sondern auch weiten Kreisen in Graubünden allgemein bewusstzuwerden. Vor allem die regelmässig von I. Cathomen geführten Exkursionen zur Kirche Sogn Rumetg, zu den Menhiren von Planezzas und hinauf zur bronzezeitlichen Siedlung auf der Muota haben viel zum Schutz dieser früher viel grösseren Megalithanlage beigetragen.

Die längliche Form vieler Steine legte den Schluss nahe, dass es sich um umgestürzte Menhire handelt; schon Burkart sprach von säulenförmigen Steinen. Ein direkter Beweis in diese Richtung war Menhir Nr. 24, der vor einigen Jahren noch stand und beim Holztransport herausgerissen wurde. Das Fundationsloch war anlässlich einer Begehung noch ganz frisch und bis zur Wiederaufrichtung des Menhirs in seiner Form klar erkennbar. Der Gedanke, einen Teil der typischen Menhire wieder aufzurichten, lag deshalb nahe, denn mittels solcher Restaurierungen kann weiten Teilen der Bevölkerung die Megalithkultur unserer Vorfahren verständlich gemacht und veranschaulicht werden, womit bereits ein wesentlicher Schritt zum Schutz dieser prähistorischen Zeugen getan ist.

Im Auftrag der Gemeindebehörden wurden im Herbst 1986 vier Menhire im Hauptalignement (Sonnenaufgang 21. Mai und 21. Juli) wieder aufgerichtet. Bei 2 Steinen konnten die ehemaligen Fundationsgruben klar erfasst und bis zum gewachsenen Boden hinunter freigelegt werden. In den beiden anderen Fällen waren die Fundationslöcher bereits weitgehend zerstört, aus dem Zustand des Bodens jedoch konnte der lockerer gelagerte, gestörte Bodenbereich, d. h. der ursprüngliche Standort der Menhire, noch recht gut erkannt werden. Die Resultate der Menhiraufrichtung 1986 wurden in Band V/VI «Die Megalithe der Surselva» kurz beschrieben und fanden auch in der Presse ein sehr positives Echo (Bündner Tagblatt 4.4.87 / Gazetta Romontscha 6.4.87 / La Casa Paterna 10.4.87).

Aufgrund des interessanten Befundes der ersten Kampagne 1986 wurde seitens der Gemeindebehörden beschlossen, weitere Menhire aufzurichten. Für diese Aktion stellten die Gemeinde und die Bürgergemeinde sowie der Verkehrsverein einen Teil der notwendigen finanziellen Mittel zur Verfügung. Der Verkehrsverein bemühte sich zudem in lobenswerter Weise um die Beschaffung weiterer Mittel. Die stattliche Zahl von über 200 Gönnern beweist das breite Interesse für die Restaurierung dieser urgeschichtlichen Monumente. Die Baumaschinen und das Baupersonal wurden von Basil Albin, Falera (Baugeschäft Obersaxen), zu den Selbstkosten zur Verfügung gestellt. Der Arbeitseinsatz der bereits aufgeführten Mitarbeiter wie auch von I. und R. Cathomen und U. und G. Büchi erfolgte in beiden Kampagnen kostenlos.

An dieser Stelle möchten wir allen, die zum guten Gelingen des Projektes beigetragen haben, unseren herzlichen Dank aussprechen.

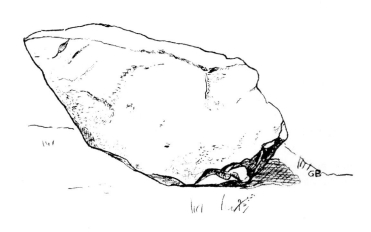

Abb. 4   Menhir 1 vor seiner Aufrichtung. M. ca. 1:40

Geologische Situation

Die Hangzone von Falera hinunter nach Sagogn wird von den höheren Schichtkomplexen des Verrucano (Permokarbon) aufgebaut, der ein steiles, praktisch hangparalleles Schichtfallen gegen Süden aufweist. Der Ilanzer Verrucano ist hier ein gneisartiges Konglomerat mit Lagen von feinkörnigeren Schichten. Die Farben dieses Gesteins sind überwiegend grau bis grünlich. Stratigrafisch unter dem Ilaner Verrucano folgen die ebenfalls südfallenden Plagioklas-Tuffite verschiedener Kornstufen. Die oft geschieferten Tuffite von grauer, grüner, violetter, rötlicher und blauer Färbung sind vulkanischen Ursprungs. Meist handelt es sich um teils umgewandelte Aschen (siehe hierzu auch L.E. Wyssling, 1950, Zur Geologie der Vorabgruppe).

Die Grenze zwischen den beiden Schichtkomplexen verläuft durch die Geländemulde von Paliu. Die Hangzone oberhalb des Dorfes, ein typischer Schichtplattenhang, wird aus den genannten Tuffiten aufgebaut.

Die sich von der Muota bis hinunter nach Sagogn erstreckende Hangzone ist tiefgründig versackt. Die Sackungsbewegungen sind noch heute im Gange, wofür die tiefen, offenen Spalten und Schrunden sprechen, die bis hinauf zur bronzezeitlichen Siedlungsfläche auf der Muota reichen. Die Ablösungsfläche der Sackung liegt an der Grenze zwischen dem mehr starren Ilanzer Verrucano und den geschieferten Tuffiten. Vermutlich ist die ganze Muota, inklusive Planezzas, mitversackt, wobei der obere Abrissrand von der Senke Paliu gegen Osten über die Mulde von Travanaus–Chintgunt zum Lag dil Oberst und gegen Westen in Richtung Val da Mulin–Val da Schluein verläuft. Der Beginn der Sackung und die Hauptsackungsphasen erfolgten nach dem Rückzug der Gletscher, lange vor der Besiedlung der Muota durch die Bronzezeitleute.

Die morphologischen Verhältnisse im Bereich Planezzas, Paliu und im südlichen Dorfteil Falera haben sich in den letzten zehntausend Jahren kaum geändert. Dafür spricht einmal die Bildung eines kleinen Sees, dessen jüngste Seekreideablagerungen mit reicher Schneckenfauna ein Alter von gut 13 000 Jahren aufweisen. Auch die darüber liegenden, jüngeren Torfschichten von Paliu sind unge-

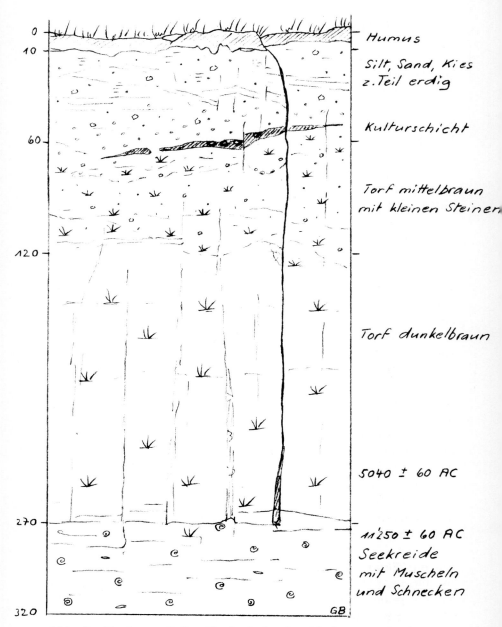

Abb. 2 Torfmoor Paliu. Geologischer Profilschnitt im Nordwest-teil, freigelegt anlässlich der Anlage des Sportplatzes

14

stört und im tieferen Bereich weit über 7000 Jahre alt. Daraus resultiert, dass in den letzten wenigen tausend Jahren die Bewegungen der Sackungsmasse so geringfügig waren, dass die astronomischen Aussagen der Megalithanlagen voll erhalten blieben.

Der Felsuntergrund im Raum von Falera ist z.T. von Moränenmaterial aus der letzten Eiszeit überdeckt, dessen Mächtigkeit auf Planezzas selbst zum Teil sehr gering ist; an vielen Stellen tritt der vom Gletscher überschliffene Fels zutage, so vor allem im östlichen Teil von Planezzas, wo zwei Rundhöcker mehrere zum Teil recht grosse Schalen tragen. Im Übergangsbereich der Terrasse von Planezzas zur Muota ist die Moräne von stark mit Humus durchsetztem Gehängeschutt bedeckt. Die Muota selbst ist praktisch frei von Moräne, und der meist stark zerklüftete und versackte Verrucano-Fels desaggregierte zu grobem Blockschutt. Ob der grosse Block aus ortsfremdem Gestein auf dem Gipfelplateau glazial abgelagert oder ob er vom bronzezeitlichen Menschen auf die Muota hinaufgeschleppt wurde, ist noch abzuklären.

Die Terrasse von Planezzas fällt relativ steil zur Geländemulde von Paliu ab. Diese Hangzone ist in ihrem östlichen Teil von fast senkrechten kleinen Verrucano-Felsbändern durchsetzt, während im Westen die Geländestufe aus steiniger, zum Teil tiefgründiger Moräne besteht. Im Krümmungsbereich dieser Hangzone zur Geländemulde ist die Moräne teils mit humosem, steinigem Gehängeschutt unterschiedlich stark bedeckt bzw. vermischt. Diesen Verhältnissen in Kombination mit dem hier z.T. aktiven Schuttfliessen war bei der Interpretation der Fundationsverhältnisse der Menhire des Alignements mit Visur zum Sommersolstitium Rechnung zu tragen.

Die im Norden anschliessende Ebene von Paliu war noch vor wenigen Jahren ein Sumpfgebiet, das erst vor kurzem vollständig drainiert wurde. Der Torf erreicht Mächtigkeiten bis zu 2,50 m, er führt unterschiedlich viel Holz, oft Baumstämme von mehreren Metern Länge und Durchmessern bis zu 1 m. Im Ostteil konnte im oberen Torfbereich ein Flechtwerk mit zugespitzten Pfählen altersdatiert werden. Die senkrecht stehenden Pfähle mit bis zu 5 cm Durchmesser wurden mit einem Gertel oder Beil zugespitzt. Die Schneide des Instrumentes wies verschiedene Scharten auf, deren Spuren auf den Schnittflächen noch deutlich sichtbar sind. Die Pfähle wie auch die Art des Flechtwerkes sind Reste einer typischen

Faschine. Eine weitere Altersdatierung wurde an Fichtenstämmen im Basisbereich des Torfes ausgeführt. Beim Aushub des Torfes für die Erstellung des Sportplatzes wurden die Torfuntergrenze und die liegende schneckenführende Seekreide freigelegt. Am Nordwestrand des Aushubes war der Torf von feinem Kies überlagert, an dessen Basis in 80 cm unter Oberfläche einige Tonscherben geborgen wurden (Abb. 2). Auf diesem Feinkies stehen in der Nähe der Fundstelle Häuser, die aus dem 18. Jh., eventuell aus dem 17. Jh. stammen.

Aus dem engeren Untersuchungsgebiet verfügen wir somit bis heute über folgende Altersdatierungen:

Flechtwerk	^{14}C nicht kalibriert	630 ±	50 Jahre n. Chr.
Holzkohle (Menhir 2)	^{14}C kalibriert	1 380 ±	120 Jahre v. Chr.
Fichtenstamm (Basis Torf)	^{14}C nicht kalibriert	4 720 ±	40 Jahre v. Chr.
Fichtenstamm (Basis Torf)	^{14}C nicht kalibriert	5 040 ±	60 Jahre v. Chr.
Seekreide	^{14}C nicht kalibriert	11 250 ±	60 Jahre v. Chr.

Wiederaufrichtung von 27 Menhiren

Restaurierungsplan und Arbeitsausführung

Standort und Lage der umgestürzten Menhire wurde durch Ver-
pflocken festgehalten. Der vermutete ursprüngliche Standort jedes
Menhirs wurde aufgrund seiner Masse und seiner Beziehung zu
anderen Steinsetzungen, u.a. Lage in einem Alignement,

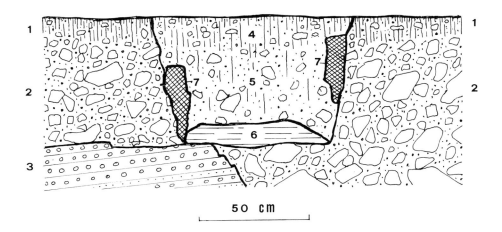

50 CM

Abb. 3   Genereller schematischer Profilschnitt der Menhir-Funda-
tionsgruben
Legende:
1 Humus
2 Moräne, Gehängeschutt ungestört, steinig, blockig
3 Verrucanofels, zerklüftet
4 Humus, gestört, meist kontinuierlicher Übergang in die liegenden
  Schichten
5 Schutt steinig, oft humos bis zum Lehmbett
6 Lehmbett siltig-tonig, unterschiedlich sandig, wenige kleine Steine
7 Keilsteine

bestimmt. Die teils mehrere Tonnen schweren Steine wurden maschinell herausgehoben und ausserhalb des mutmasslichen früheren Standortbereiches deponiert. Beim sorgfältigen Abtrag des Humus, des humosen Erdreiches und des steinigen Schuttes (Moräne und/oder Gehängeschutt) liess sich in über 50% der Fälle relativ rasch die frühere Fundationsgrube des Menhirs eruieren. Im stark humosen Gehängeschutt am Nordfuss der Muota und im Übergangsbereich des Steilhanges der Terrasse von Planezzas zur Verflachung in Richtung Paliu erfolgte durch Erosion und Hangschuttfliessen eine Umlagerung des Bodens, die teils bis unter das ursprüngliche Fundationsniveau der Menhire hinunter reicht und massgeblich zum Verkippen der Menhire in diesen Zonen beigetragen haben dürfte. Die verschiedenen Befunde im Fundationsbereich der Menhire wurden in einem generellen Profilschnitt dargestellt (Abb. 3).

Ausserhalb der Fundationsgrube folgt unter dem Humus Moräne und/oder Gehängeschutt; die Übergänge sind z.T. fliessend. In diesen Ablagerungen wurden keine früheren Bodenbildungen oder Kulturschichten beobachtet, es handelt sich weitgehend um ungestörtes Lockergestein.

Im Bereich der Fundationsgruben geht der Humus kontinuierlich in steinigen, sandigen, wenig verdichteten Schutt über, wobei humose Zonen teils bis auf das Lehmbett hinunter reichen. Im Gegensatz zum Gestein ausserhalb der Gruben ist dieses Lockergesteinsmaterial meist deutlich weniger stark verdichtet. Unter diesen wenig verdichteten Schichten folgt oft ein Lehmbett unterschiedlicher Mächtigkeit. Der Lehm ist stets gelblich-beige, führt unterschiedlich Sand und kleine Steine. Bezüglich Korngrösse und Farbe unterscheidet sich der Lehm deutlich vom Moränen- und Gehängeschutt. Auf und im Lehmbett – seltener wenig darüber – wurde Fremdmaterial wie Holzkohle, Ocker, Keramik bzw. gebrannter Ocker, Fremdgesteine usw. gefunden. Der Lehm selbst ist ortsfremd. Er reicht seitlich nie ins ungestörte Gestein hinein und wurde somit vom Menschen auf die Fundationssohle eingebracht. Unter der Fundationssohle folgt meist Moräne, seltener Gehängeschutt oder der anstehende Verrucanofels.

In vielen Fällen wurden in den Fundationsgruben die ursprünglichen Keilsteine in situ oder mehr oder weniger verschoben nachgewiesen.

18

Nach der erfolgten Aufnahme und Vermessung aller relevanter Befunde und Daten wurde der Menhir gesetzt, wobei in vielen Fällen die ursprüngliche Lage in einem Alignement und die Richtung des Steines weitgehend ermittelt werden konnten. In einigen Fällen war dies bis ins Detail möglich. Soweit notwendig, wurden die Menhire durch ein Betonbett gesichert; in den meisten Fällen genügte jedoch das Verkeilen mit geeignetem Gesteinsmaterial.

Tabellarische Zusammenstellung der Resultate

Die statistische Auswertung der Tabelle ergibt bereits einige sehr interessante Aussagen bezüglich der Fundationsverhältnisse.

- Lehmbett erhalten   11 Menhire
- Keilsteine nachgewiesen   15 Menhire
- Gedrungene kleinere Menhire, Setzung auch
  ohne Lehmbett und Keilsteine problemlos   8 Menhire

In 63% der Fälle konnte somit durch das Vorhandensein eines Lehmbettes und/oder von Keilsteinen die ursprüngliche Fundamentgrube nachgewiesen werden. Die Zahl erhöht sich sogar auf 83%, wenn die vorgenannten kleineren, gedrungenen Menhire statistisch nicht mitberücksichtigt werden.

Bezüglich der Funde im Bereich der Fundationssohle ergibt sich folgendes Bild:

- Holzkohle   6 Menhire
- Ocker   11 Menhire
- Fremdgesteine inkl. Keramik   8 Menhire

In 41% der Fälle wurden im Fundationsbereich der Menhire Funde gemacht, die in Richtung Opfergaben weisen. Die Zahl erhöht sich auf 58% bei Weglassen der kleinen, gedrungenen Menhire.

Menhir Nummer Länge in m Gestein	Lehmbett max. Dicke in cm	Keilsteine Anzahl max. Längen in cm	Holzkohle	Ocker Grösse in mm	Weitere Funde	Bemerkungen
1 3.10 Punteglias-granit	20	7 30	reichlich auf Lehm und Steinplatte	10 auf Lehm	Quarzporphyr verrostet, 2 Stück, 10 mm	Steinplatte Längsachse 65 cm in Richtung Hauptalignement 63°
2 1.05 Verrucano	10	1 50	auf Lehm und Branderde	15 Limonit, längliches Stück, 13 mm, innen schwarz, metallisch, evtl. Fossilrest	gebrannter Ocker, 2 Stück, 5 rundliche dunkle Steine, bis 3 cm, aus Biotitfels, Muskowit z. T. golden oxydiert	Ocker wenig über Lehmbett
3 1.70 Punteglias-granit		2 30		10 unmittelbar auf ungestörter Moräne	Quarzit, sehr feinkörnig, weiss, 30 × 5 mm, gleiches Gestein wie Nr. 27	
4 2.20 Biotitgranit	10	10 40 4 Stück im Lehm eingepresst		100 viele Stücke, z. T. völlig desaggregiert		
5 2.20 Punteglias-granit		1 40				

Nr. / Höhe / Gestein					Bemerkungen
6 1,20 Granit					im Bereich des Gehänge-schuttfliessens
7 1,70 Granit	20		6 55		im Bereich des Gehänge-schuttfliessens
8 1,80 Puntegliasgranit			4 50 hangwärts		im Bereich des Gehänge-schuttfliessens
9 1,50 Puntegliasgranit					im Bereich des starken Gehängeschuttfliessens
10 2,00 Quarzdiorit mit Gneisschollen			3 30		im Bereich des starken Gehängeschuttfliessens
11 1,00 Puntegliasgranit					im Bereich des starken Gehängeschuttfliessens
12 1,80 Granit	10		3 50	5 2 Stücke	oberer Teil Menhir abgebrochen, Basispartie noch in situ

Menhir Nummer Länge in m Gestein	Lehmbett max. Dicke in cm	Keilsteine Anzahl max. Längen in cm	Holzkohle	Ocker Grösse in mm	Weitere Funde	Bemerkungen
13 2,50 Punteglias-granit						im Bereich des Gehänge-schuttfliessens
14 1,55 Punteglias-granit						im Bereich des Gehänge-schuttfliessens
15 1,70 Granit	30 schmal, Längsachse Richtung Alignement	2 30		10 wenige Stücke	Quarzit, hart, grün, 13 × 8 mm	Bohrloch maschinell jüngsten Datums
16 1,60 Quarzdiorit	20	3 30		20 zuoberst auf dem Lehm	auf Lehmbett · 5seitiges Keramikprisma 20 × 35 mm · Quarzit grün 32 × 16 mm · Quarzspitze 12 mm lang	

17 0,90 Punteglias-granit	25	5 55 teils verstürzt	viele kleine Stücke	10 mehrere kleine Stücke	beim Umkippen des Menhirs wurde das Lehmbett einseitig gepresst
18 1,10 Punteglias-granit					im Bereich des Gehänge-schuttfliessens
19 1,00 Verrucano					im Bereich des Gehänge-schuttfliessens
20 1,20 Verrucano					schief liegende Felsplatte als Unterbau
21 1,00 Punteglias-granit		7 40			Menhir oberflächlich stark zerschlagen
22 1,10 Punteglias-granit					
23 0,90 Hornblende-granit					

Menhir Nummer Länge in m Gestein	Lehmbett max. Dicke in cm	Keilsteine Anzahl max. Längen in cm	Holzkohle	Ocker Grösse in mm	Weitere Funde	Bemerkungen
24 2,10 Verrucano						vor wenigen Jahren umgestürzt. Fundation in festgelagertem blockigem Gehängeschutt
25 2,70 Quarzdiorit mit Granit- und Pegmatitgängen	15	NW-Ecke Trockenmauer aus 7 Steinen	12 mm	15 Limonit, längliches Stück, 18 mm, innen schwarz, metallisch, evtl. Fossilrest	· Knochenrest von Hausrind $40 \times 20 \times 15$ mm · Glimmerschiefer, goldglänzend, in Lehmkuhle $13 \times 10 \times 5$ cm · Amphibolit im Lehm eingepresst $10 \times 14 \times 14$ cm	
26 0,95 Granit	25 zusammen mit 27	2 Richtsteine	10 mm	10	Granit rot $3 \times 6 \times 7$ cm	Kimme des Menhirs künstlich zugeschlagen
27 Granit	siehe 26		5 mm	10	· Quarzit weiss $50 \times 30 \times 10$ mm · dito $20 \times 20 \times 15$ mm	kein Menhir, rundlicher Stein $70 \times 60 \times 60$ cm

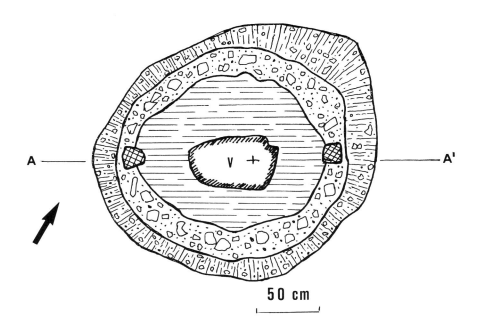

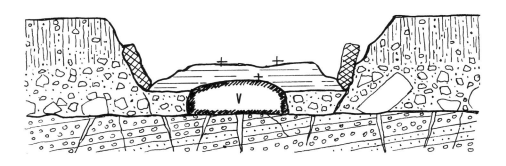

Abb. 5   Menhir 1, Fundationsgrube, Grundriss und Profilschnitt
Kleine Kreuze = Holzkohle

Fundationsverhältnisse

(Abb. 4–18)

Bei 63% der bisher wieder aufgerichteten Menhire konnten klare Anhaltspunkte über die ursprünglichen Fundationsverhältnisse gewonnen werden. Hinzu kommen bei 41% weitere spezifische Befunde. Damit ergeben sich gute Aussagen über den Arbeitsablauf beim Aushub der Fundationsgruben und die Aufrichtung der Menhire zur Bronzezeit.

Die exakte Tiefe der Fundationsgruben liess sich in zwölf Fällen klar bestimmen. Sie liegt im Durchschnitt bei 65 cm. Die Extremwerte betragen 50 bzw. 95 cm. Die Dicke der Lehmfüllungen bewegt sich zwischen 10 bis 30 cm.

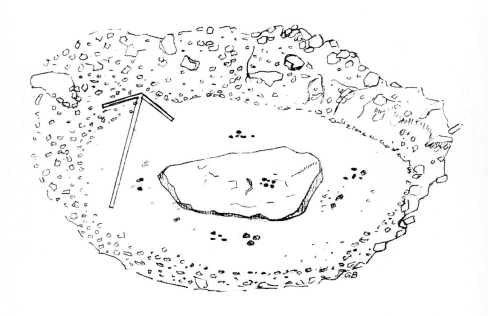

Abb. 6   Menhir 1, Fundationsgrube. M. ca. 1:15

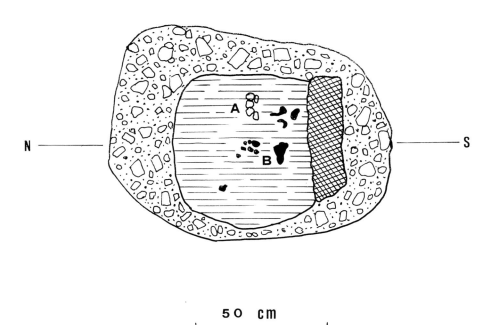

N ——————— S

50 cm

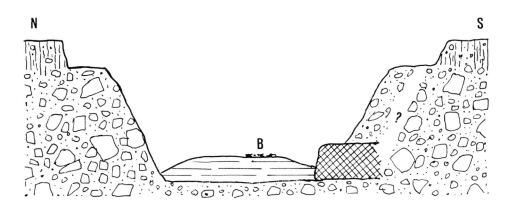

N   S

Abb. 7   Menhir 2, Fundationsgrube, Grundriss und Profilschnitt
Legende: A = Glimmerschiefergerölle, B = Holzkohle und brandige
Erde

In mehreren Fällen liess sich die ursprüngliche Ausrichtung des Menhirs anhand der Form des Lehmbettes noch erkennen, wie z. B. bei Menhir 15. Hier wurde ein sehr schmales Lehmbett entsprechend der Menhirbasis angetroffen; die Längsrichtung entspricht dem Azimut des Alignements. Ähnliches gilt auch für Menhir 25, bei welchem zusätzlich die NW-Ecke des Menhirstandortes durch Reste eines Trockenmauerwerkes gegeben war. Aufgrund der Intaktheit von drei Seiten der Fundationsgrube und des sehr langen Lehmbettes muss angenommen werden, dass der Stein von SE her über das Lehmbett bis zum genannten Mauerwerk geschoben wurde, wo dann seine Aufrichtung erfolgte. Im Fall von Menhir 17 ergibt sich aus der Quetschung des Lehmbettes die Versturzrichtung und damit die Möglichkeit einer georteten Neusetzung. Für die Menhire 26 und 27 bestand ein gemeinsames langes Lehmbett, das gegen Norden an einer Stufe um 10 cm abfällt. Die Stufe wird von zwei Steinen beidseitig begrenzt, welche den Anschlag für den plattenförmigen Menhir mit der Kimme bilden. Sie sind somit Richtsteine für die Setzung des Menhirs und nicht Keilsteine; ihre Form unterscheidet sich auch deutlich von den letzteren.

In anderen Fällen ist die Fundationsbasis der Menhire aufgrund der Grubenform und der Anordnung der länglichen Keilsteine klar auszumachen; dies gilt vor allem auch für Fundationsgruben ohne Lehmbett, wie z. B. für die Menhire 3, 21, 23 und 24. Für Menhir 1 ergab sich im Bereich der Fundationsgrube ein weiterer interessanter Befund. Die Grubensohle wird hier von anstehendem zerklüftetem Verrucanofels gebildet. Die Richtung der einzigen offenen Kluftspalte weist mit Azimut 133 ° hinauf zur bronzezeitlichen Siedlung auf der Muota, über welche für den Standort von Menhir 1 die Sonne an der Wintersonnenwende aufgeht. Diese offene Spalte war von einer flachen, ovalen, bis maximal 30 cm dicken Verrucanoplatte überdeckt. Rings um die Platte wurde bis zu 20 cm hoch steiniges Material eingebracht und erst anschliessend das Lehmbett erstellt, dessen Mächtigkeit 20 cm beträgt und somit die Verrucanoplatte um minimal 10 cm überdeckte. Auffällig ist, dass die Längsrichtung der ovalen Platte die Richtung der Hauptalignements mit Visur zum Sonnenaufgang am 21. Mai und 21. Juli wiederholt.

In allen Fundationsgruben mit Lehmbett ergibt sich weitgehend ein übereinstimmender Befund: Der Lehm wurde nach Aushub des Fundationsloches als Klumpen eingebracht mit grösster Dicke im

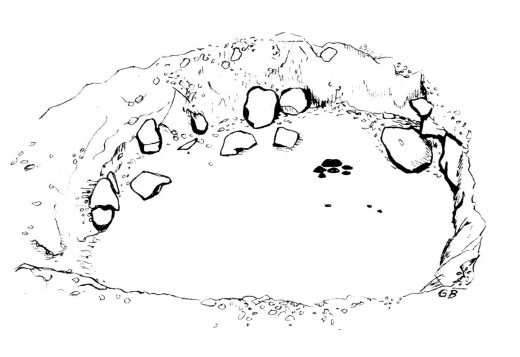

Abb. 9   Menhir 4, Fundationsgrube. M. ca. 1:15
Dunkle Flecken = grosse Ockerstücke

Bereich der zukünftigen Standfläche, was aus der häufig zu beob-
achtenden Ausdünnung des Lehmes gegen den Grubenrand zu
schliessen ist. Auf und zum Teil in das Lehmbett wurden Opfergaben, meist Holzkohle und/oder Ocker, eingebracht. Das Herbei-
schaffen der Menhire erfolgte wohl mittels Rollen aus Rundhölzern, Hebewerkzeug und Seilzug, ähnlich wie in anderen Menhir-
anlagen. Die Heranschaffung war auch mittels Schleifen im Winter
leicht möglich, vor allem bei gefrorenem Boden und dünner
Schneedecke.

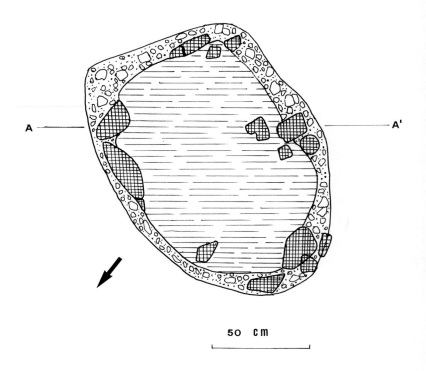

50 cm

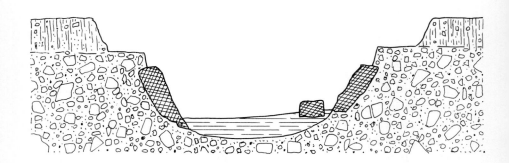

Abb. 10   Menhir 4, Fundationsgrube, Grundriss und Profilschnitt

30

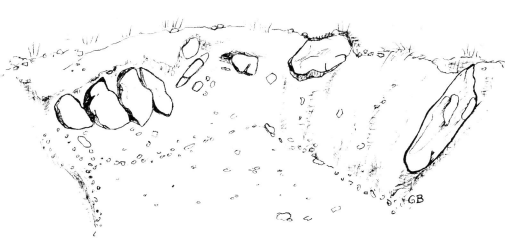

Abb. 11   Menhir 7, Fundationsgrube. M. ca. 1:20

Die typischen Menhire auf Planezzas können nicht nur aus der Moräne stammen, die Planezzas nach dem Rückzug des Gletschers bedeckte, denn die Häufung länglicher Steine einer gewissen Grösse und die Dominanz schwer verwitterbarer resistenter Gesteinstypen mit glatter Oberfläche ist auffällig:

Puntegliasgranit   33%
Granite, Quarzdiorite usw.   30%
Gneis   2%
Diorite und Amphibolite   12%
Verrucano   23%

Das eindeutige Vorherrschen von Graniten – vor allem Puntegliasgraniten – entspricht nicht dem üblichen prozentualen Anteil dieser Gesteine in den Moränenablagerungen des quartären Niveaus von Planezzas und des Plateaus des südlichen Dorfteils von Falera.

31

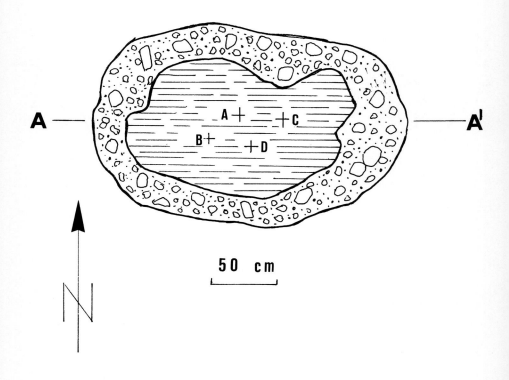

50 cm

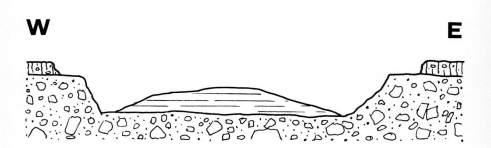

Abb. 12   Menhir 16, Fundationsgrube, Grundriss und Schnitt
Legende: A = Ocker, B = Quarzspitze, C = Grüngestein,
D = Keramik

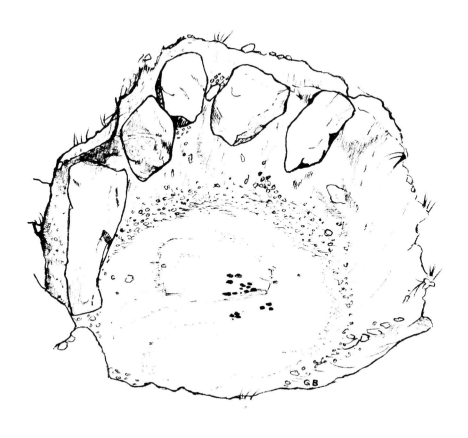

Abb. 13   Menhir 17, Fundationsgrube, von Norden gesehen.
M. ca. 1:15, Dunkle Flecken = Holzkohle und Ocker
Zweiter Keilstein von links = rekonstruierte Lage in der Gruben-
wand

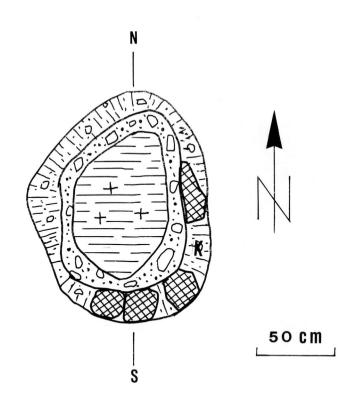

Abb. 14   Menhir 17, Fundationsgrube, Grundriss und Profilschnitt
K = Keilstein verstürzt (siehe Abb. 17), kleine Kreuze = Holzkohle

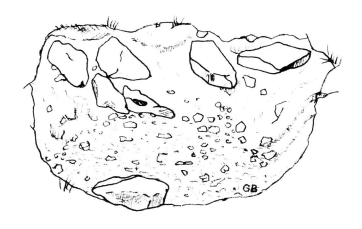

*Abb. 15   Menhir 21, Fundationsgrube von Südosten gesehen.
M. ca. 1:20*

Die Moränenablagerungen oberhalb des Dorfes Falera hingegen führen reichlich Granite und grosse bis riesige Puntegliasgranitblöcke, so dass für Planezzas mit Antransport geeigneter länglicher Steine über Distanzen von nur einigen hundert Metern gerechnet werden muss.

Die Menhire wurden möglicherweise teils über eine Rampe herangeschoben und schief in diese vorbereitete Fundationsgrube hineingekippt. Das Hineinschieben über ein Lehmbett wurde für den Fall Menhir 25 als Ausnahme bereits beschrieben. Es folgte dann die Aufrichtung der Menhire. Die meist sehr unregelmässige Basisfläche der Menhire presste sich in den Lehmklumpen hinein und

35

erhielt dadurch einen ersten Halt. Auf dieser plastischen Unterlage liess sich der Menhir hin- und herschieben, bis sein Schwerpunkt optimal lag und der Stein ausgerichtet im Alignement stand. Dann folgte die Verkeilung des Menhirs mit länglichen, plattigen Steinen. In Anbetracht der unregelmässigen Basisflächen der Menhire und der heterogenen grobkörnigen bis blockigen Zusammensetzung des Lockergesteins auf Planezzas vereinfachte die Zuhilfenahme eines plastischen Materials die Auf- und Ausrichtung der Menhire ganz wesentlich.

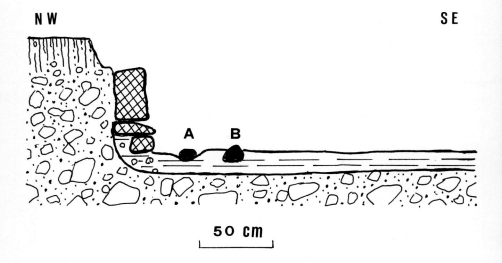

Abb. 16 Menhir 25, Fundationsgrube, Profilschnitt
A = Glimmerschiefergeröll, B = Amphibolitgeröll

Abb. 17   Menhir 25, Fundationsgrube mit Trockenmauerwerk
Beim unteren Ende des Doppelmeters = Glimmerschiefergeröll
Rechts vom Nordpfeil feinkörniges Amphibolitgeröll im Lehmbett
eingepresst

Fundmaterial

Lehm

Die Lehmeinfüllungen bestehen aus sandig-siltigem Ton bis sandig-tonigem Silt; sie führen unterschiedlich stark kleine Steine mit Durchmessern, die meist unter 2 cm liegen, und unterscheiden sich grundsätzlich vom stark steinigen, sandigen, meist ton- und siltarmen bis praktisch tonfreien Moränen- und Gehängeschutt der Planezza. Die Farbe des Lehmes ist gelblich bis hellbeige, ein weiterer Unterschied zum vorwiegend grauen bis grünstichigen, selten braun verfärbten Moränen- und Gehängeschuttmaterial.
Wie bereits erwähnt, setzt sich der Lehm seitlich nie in die normalen anstehenden Schuttbildungen der Planezza fort. Er ist immer auf die Fundationsgrube beschränkt und wurde für die Vereinfachung der Aufrichtung der Menhire in die ausgehobenen Fundationsgruben eingebracht. Dabei wurde ausschliesslich gelber Lehm verwendet. Obwohl in nächster Nähe im Ostteil von Falera Tone anstehen, bei denen jedoch graue und grünliche Farbtöne vorherrschen, wurde nicht dieser Lehm verwendet, sondern von weiter weg ein ortsfremder, plastischer, gelber Lehm in die Fundationsgruben eingebracht. Die ausschliessliche Verwendung von gelbem Lehm zusammen mit dem Einbringen von Ocker in die Fundationsgruben erfolgte sicher nicht zufällig und steht in Zusammenhang mit kultischem Brauchtum.

Keilsteine

Die Keilsteine besitzen in der Regel eine längliche Form und wurden zwischen den Menhir und den Rand der Fundationsgrube hineingetrieben, meist mit dem dickeren Ende nach oben, wodurch dem Menhir eine grössere Standfestigkeit verliehen wurde. Steine, die als Setzungshilfen oder als Richtungshinweise dienten, können auch andere Formen aufweisen. Bei Menhir 25 war ein Trockenmauerwerk, welches die Nordwestecke des Menhirs umfasste, noch klar zu erkennen. In der Fundationsgrube von Menhir 26 befanden sich die Richtsteine für diesen plattenförmigen Menhir mit der Kimme noch in ursprünglicher Position, nämlich Ost–West ausgerichtet, und dienten als Anschlag für den Südrand des Menhirfusses.

Holzkohle

Der oberflächennahe Humusbereich führt verschiedentlich Holzkohle, vermischt mit modernen Abfallprodukten.
In der vorstehenden Tabelle wurde deshalb nur Holzkohle aufgeführt, die sich direkt auf oder im Lehmbett befand und somit vor dem Setzen der Menhire vor mehr als 3000 Jahren eingebracht worden war. In den meisten Fällen ist die Holzkohle weder von Asche noch von verschlackter oder schwach gebrannter Erde bzw. Lehm begleitet. Die Holzkohlenstücke liegen meist verstreut auf der Lehmoberfläche, bzw. sind unterschiedlich tief in diese hineingepresst. Aschenreste und mit Kohle vermischte Erde wurde nur auf dem Lehmbett von Menhir 2 gefunden. Es fehlt jedoch gefrittetes Lockergesteinmaterial, das auf eine Feuerstelle auf dem Lehmbett selbst schliessen liesse.
Dieser Befund spricht somit generell gegen Opferbrände auf dem Lehmbett, sondern lässt auf das Einbringen von Opferbrandresten in die Fundationsgruben schliessen. Auch im benachbarten Ausland wurde wiederholt im Fundationsbereich von Menhiren Holzkohle als Hinweis auf Opfergaben gemeldet. Solche sind ebenfalls von vielen Begräbnisstätten bekannt geworden; wir möchten in diesem Zusammenhang an die eisenzeitlichen Gräber von Darvella/Trun und die bronzezeitliche Begräbnisstätte an der Strasse von Laax nach Salums erinnern.

Ocker

Als Ocker im engeren Sinn werden lockere bis wenig verfestigte, feinkörnige, unterschiedlich sandige Gesteine mit hohem Brauneisengehalt bezeichnet. Der Ausdruck Ocker stammt aus dem Griechischen. Im Altertum wurde Ocker als gelber bis brauner Farbstoff verwendet. Beim Brauneisen, dem sogenannten Limonit, handelt es sich überwiegend um Nadeleisenerz (Goethit) $FeOOH$, das überall entsteht, wo Eisenerze verwittern. Das Eisenhydroxyd bildet oft Pseudomorphosen, entsprechend dem ursprünglichen Eisenerz, wie z. B. dem kubischen Pyrit.
Im Dictionnaire de la Préhistoire findet sich für Ocker folgender Hinweis:

«Colorant minéral naturel, abondamment utilisé par l'homme depuis la fin du paléolithique moyen. – Des fragments, parfois usés par frottement, ont été découverts dans plusieurs gisements moustériens, mais l'emploi systématique de ce pigment est surtout attesté à partir du début du paléolithique supérieur. Dès le châtel-perronien (35 000–30 000 Jahre BP) on savait calciner l'ocre jaune, la plus courante, pour obtenir par oxydation une couleur rouge très soutenue. Elle servait non seulement à peindre sur les parois des cavernes, mais encore à saupoudrer les morts dans leur sépulture et à teindre certaines armes. Le sol de la plupart des habitats des néanthropiens en est imprégné. Il n'a pas encore été possible d'établir si elle y était répandue volontairement ou si, par suite d'un emploi régulier – par exemple pour teindre les peaux des vêtements et des tentes ou pour s'en badigeonner le corps – il s'en accumulait progressivement sur les surfaces fréquentées.»

Aus diesem Zitat geht auch die kultische Bedeutung und Verwendung des Ockers klar hervor.
In gut 40% der Fundationsgruben – meist direkt auf dem Lehmbett – konnte Ocker nachgewiesen werden. Ähnlich wie bei der Holzkohle lagen die Ockerstücke verstreut auf dem Lehmbett oder waren in die Lehmoberfläche eingepresst.
Die Ockerstücke sind meistens klein, ihre Länge erreicht selten 1 cm. Auf dem Lehmbett von Menhir 2 wurden zwei grössere Stücke gefunden, bei denen es sich um gebrannten Ocker handelt (siehe unter Keramik).
Der Ocker ist in der Regel mehr oder weniger sandig und kann sehr wohl aus Vorkommen der nächsten Umgebung stammen. In Frage kommen eisenführende Quellenablagerungen sowie Oxydationsprodukte aus dem Grundwasserspiegelbereich. Solche Ockerbildungen, sogenannter Ortstein, wurden beim Aushub des Sportplatzes im westlichen Teil von Paliu von uns aufgesammelt. Im Fundationsbereich der Menhire 2 und 15 wurde je ein Stück Ocker gefunden, bei denen es sich vermutlich um verwitterte pyritifizierte Fossilreste handeln dürfte. Andere Stücke lassen erkennen, dass es sich um verwitterte, ursprünglich eisenreiche Sandsteine, Sandkalke, seltener zersetzte Eruptiv- bzw. metamorphe Gesteine handelt, die auf das Lehmbett gelegt worden waren. Solche limonitische Gesteine treten selbstverständlich vereinzelt an vielen Orten

auf, vor allem in verwittertem Gehänge- und Moränenschutt, jedoch nie in einer solchen Häufung, wie z. B. bei Menhir 4, vor allem nicht in Kombination mit Ocker anderer Provenienz und Holzkohle.

Die beiden Stücke von gebranntem Ocker aus dem Fundamentbereich von Menhir 2 wurden bereits erwähnt, sie gehören im weiteren Sinne ebenfalls zur Keramik. Sie zeichnen sich durch einen intensiven braunorangen Farbstrich aus und sind so weich, dass mit ihnen auf Papier gezeichnet werden kann (Abb. 19).

Aufgrund des makroskopischen Gesteinsbefundes sowie der mineralogischen Untersuchung unter der Binokularlupe sind die beiden Stücke identisch. Auch der Farbstrich auf weissem Papier zeigt keinen Unterschied, was nicht erstaunt, da die beiden Stücke, dicht nebeneinander liegend, nur wenige Zentimeter über dem Lehmbett des Menhirs ausgegraben wurden.

Das besser strukturierte Stück wurde Herrn Markus Höneisen, Schweizerisches Landesmuseum, Zürich, zu Vergleichszwecken mit prähistorischer Keramik zugestellt. Mit Schreiben vom 18. August 1989 wurde uns der Befund mitgeteilt:

«Zu Ihrem Stück lässt sich leider nicht allzuviel aussagen. Mit einiger Sicherheit handelt es sich hierbei aufgrund des Brandes, der Tonbeschaffenheit und der Farbe nicht um eine Gefässscherbe, sondern um ein Ziegelbruchstück. Die Zeitstellung wäre also frühestens römisch. Die Beschaffenheit Ihres Stückes weist aber m. E. auf eine eher jüngere Zeitstellung hin.

Die längliche Eintiefung deute ich nicht als Einstichverzierung, wie sie etwa im Randknick prähistorischer Randscherben häufig vorkommt. Auch die Dicke des Stückes würde einem Randprofil widersprechen.»

Der mineralogische Befund der Universität Bern wurde nachträglich mit Herrn M. Höneisen diskutiert, worauf auch er die Möglichkeit von gebranntem Ocker prinzipiell nicht ausschliesst, für das ihm vorgelegte Stück aber eher unwahrscheinlich hält.

Das zweite Stück wurde von Herrn Prof. Dr. Tjerk Peters, Mineralogisch-petrographisches Institut, Universität Bern, untersucht. Die Analyse und die Interpretation erhielten wir mit Schreiben vom 15. August 1989:

«Die Röntgenuntersuchung ergab vor allem Quarz und illitische Tonmineralien, von Goethit oder Hämatit fand ich jedoch keine deutlichen Peaks. Wie Du aus beiliegender chemischer Analyse ersehen kannst, muss das Material doch recht viel Eisen enthalten. Ich vermute, dass es ursprünglich ein Goethit-reicher Ton war, der soweit geheizt wurde, dass der Goethit zerfallen ist und noch kein gut kristallisierter Hämatit entstand. Das würde ebenfalls erklären, warum der Illit so schlecht kristallisiert ist. Die Temperatur liegt zwischen 300 und 500 °C.»

Analyse	Ocker
Hauptelemente A Gew.-% U	
SiO_2	60.33
TiO_2	0.97
$A_{12}O_3$	19.43
Fe_2O_3	8.05
MnO	0.07
MgO	1.84
CaO	0.60
Na_2O	0.15
K_2O	3.38
P_2O_5	0.76
H_2O	5.28
Total	100.86

Der hohe Eisengehalt deutet auf gebrannten Ocker, wie er bereits im Jungpaläolithikum vor gut 30 000 Jahren verwendet wurde.

Ein weiterer Fund von kalziniertem Ocker stammt vom Schalenfelsen Süd im Ostteil von Planezzas. Auf dieses hochinteressante Stück wird in anderem Zusammenhang noch zurückgekommen.

Da vielerorts in der Surselva, wie z. B. im Fundationsbereich der Menhire von Planezzas und in der bronzezeitlichen Begräbnisstätte an der Strasse von Laax nach Salums, Ocker als Kult- und Grabbeigabe auftrat, sind weitere Erhebungen und Untersuchungen in dieser Richtung angezeigt.

Keramik

Das rötliche, prismatische, harte «Gesteinsstück» mit einer Länge von 35 mm und einem Durchmesser bis 20 mm wurde von Herrn M. Höneisen, Schweizerisches Landesmuseum Zürich, eindeutig als Keramik diagnostiziert. Es befand sich auf dem Lehmbett von Menhir 16, zusammen mit der bereits erwähnten Quarzspitze und einem grünen Quarzitstück.

Fremdgesteine

Als Fremdgesteine wurden nur jene Gesteinsfunde auf den Lehmbetten bezeichnet, welche atypisch sind für die normale moränöse Schuttbedeckung von Planezzas und den anstehenden Verrucano.
Ähnlich wie in der bronzezeitlichen Begräbnisstätte Laax/Salums ist die häufige Beigabe roter Gesteine von Interesse. Ihnen darf eine kultische Aussage wie dem Ocker zugemessen werden. In diesem Zusammenhang sind bei Menhir 1 zwei etwa 1 cm lange, oxydierte, rötliche Quarzporphyrstücke erwähnenswert.
Vor allem aber interessiert das künstlich zugeschlagene Granitstück (Masse 3×6×7 cm) auf dem Lehmbett der Menhire 26/27, die, wie später aufgezeigt wird, mit einem Sonnenkult in Zusammenhang stehen. Die Herren Professor R. Hantke und Dr. K. Bächtiger haben das Granitstück geprüft und festgestellt, dass ihnen aus dem Vorderrheintal oberhalb Ilanz kein Granit dieser Art bekannt ist. Dies wurde von Dr. R. Wyss bestätigt, der für seine Dissertation das Gebiet oberhalb Ilanz bearbeitete (1986, Die Urseren-Zone, Lithostratigraphie und Tektonik). Den drei Herren möchten wir für diese wertvollen Hinweise herzlich danken.
Gewisse Partien des Fundstückes erinnern stark an Granophyr mit miarolithischen Drusenhohlräumen aus den Steinbrüchen von Carona TI (Sammlung U. P. Büchi) oder ähnliche Vorkommen im Baveno-Granit Italien, womit ein aus den Südalpen importiertes Gesteinsstück nicht auszuschliessen ist.
Es wurden auch Gesteinsstücke aufgesammelt, die als Rohmaterial für Steinwerkzeuge geeignet sind. Vor allem erwähnenswert ist ein grosses Gesteinsstück aus dem Lehmbett von Menhir 25 aus sehr feinkörnigem, dichtem Amphibolit (Masse 10×14×14 cm), das fast völlig in den Lehm eingepresst war.

Im weiteren wurden auf dem Lehmbett verschiedener Menhire harte Quarzite geborgen, die sehr wohl für die Werkzeugherstellung und als Schleifsteine geeignet sind. Erwähnenswert ist ferner eine kleine Quarzspitze von 12 mm Länge, bei der es sich um eine Pfeilspitze oder eine Ahle handeln könnte. Ähnliche zugeschlagene Quarzsplitter (Mikrolithe) treten im Gehängeschutt des Nordhanges der Muota auf; sie stammen aus einem Quarzband, das wenig oberhalb der Fundstelle im Verrucano der Muota ansteht.

In zwei Fällen, bei den Menhiren 2 und 25, wurden auf dem Lehmbett Stücke eines dunklen Muskowitgesteins mit goldfarben angewitterten Glimmern geborgen. Bei Menhir 2 waren fünf rundliche Steine nebeneinander aufgereiht, und bei Menhir 25 war ein grosses Stück (13×10×5 cm) in einer kuhlenförmigen Vertiefung der Lehmoberfläche eingebettet. Die Fundsituation lässt in beiden Fällen eindeutig auf das Einbringen durch den Menschen vor der Aufrichtung der Menhire schliessen (Abb. 8 + 17).

Tierisches Knochenmaterial

Im Humusbereich unmittelbar bei verstürzten Menhiren wurden wiederholt Knochenreste festgestellt, die jedoch eindeutig jungen Alters sind.

Einzig der Knochen aus dem Lehmbett von Menhir 25 besitzt eine Farbe und Korrosionserscheinungen, die auf ein höheres Alter schliessen lassen. Herr Dr. K. Hünermann vom Paläontologischen Institut und Museum der Universität Zürich hatte die Freundlichkeit, das Stück zu prüfen. Der Befund ist seinem Brief vom 23. Februar 1989 entnommen:

«Bei dem Knochen handelt es sich um das ‹seitliche und mittlere Keilbein› = Ecto- und Mesocuneiforme vom rechten Hinterbein eines Hausrindes. Die beiden genannten Knochen sind bei Rindern in sehr charakteristischer Weise völlig verschmolzen zu einem einheitlichen Knochen. Der Knochen zeigt starke, postmortale Abnutzungsspuren, die nicht durch den Menschen entstanden sind. Kommt hier Wassertransport in Frage?»

Abb. 27   Menhir 14 am Rande des trockengelegten Torfmoores ▷

Für Planezzas kann Wassertransport in postglazialer Zeit ausgeschlossen werden. Falls jedoch der Knochen zusammen mit dem Lehm eingebracht worden ist, könnte dies als Indiz für alluviale Herkunft des Lehmes (Schwemmlehm) zu werten sein.

Zur Altersdatierung der Megalithanlage

Die Megalithforschung der letzten Jahre bestätigt, dass in der Surselva während der Bronzezeit zwischen einer älteren und einer jüngeren Megalithkulturepoche unterschieden werden muss. Die ältere Epoche zeichnet sich vor allem durch die Setzung unbearbeiteter Steine aus, sei es als Einzelmegalithe oder Alignements, Cromlechs usw. Aufgrund der Altersdatierung von Holzkohle aus dem Lehmbett von Menhir 2 (in Megalithe der Surselva Bd. V/VI als Menhir 1 bezeichnet) ist eine Zuweisung der Errichtung des Hauptalignements mit Azimut 62°/63° in die mittlere Bronzezeit gegeben. Die Analysenvorbereitung erfolgte durch Frau T. Riesen, Physikalisches Institut der Universität Bern, und die ^{14}C-Analyse wurde am Institut für Mittelenergiephysik ETHZ durch Herrn Prof. Dr. A. Wölfli ausgeführt. Die altersmässige Einstufung der Holzkohlenprobe fällt in den Zeitraum zwischen 1500 und 1260 AC, somit in die mittlere Bronzezeit bis Übergang zur Spätbronzezeit.

In einigen Regionen der Surselva wurden bis dato nur unbearbeitete Megalithe registriert. Die anthropogen bearbeiteten Megalithe – vorwiegend Schalensteine – sind grundsätzlich jüngeren Alters, d. h. späte Bronzezeit, evtl. Eisenzeit oder jünger.

Durch die Einmessung und Darstellung der Sonnenfinsternis vom 25. Dezember 1089 AC, die in Falera durch den bronzezeitlichen Menschen mittels Schalen und anderen Petroglyphen festgehalten wurde und deren Darstellung auch in vielen anderen Megalithanlagen der Surselva begegnet werden kann, wurde eine absolute Zeitmarke überliefert.

Massgebliche weitere zeitliche Kriterien vermitteln uns die Kulturschichten der prähistorischen Siedlung auf der Muota. Bezüglich der Befunde und der zeitlichen Zuordnung folgen wir den Ausführungen von A. C. Zürcher (1982, Seiten 25 und 26):

«55 Muota. 1194–737 240/184 660/1257
An der südöstlichen Terrassenkante von Falera erhebt sich der schwer zugängliche Hügel Muota. Seine Südostflanke fällt steil ins Vorderrheintal ab. Burkarts Sondierungen von 1936 und 1939 sowie seine Grabungen von 1941–1943 erbrachten auf der Hügel-

kuppe eine starke bewehrte Siedlung. Ein grosser Teil des Plateau-
randes trägt eine im Fundament drei Meter dicke Mauer. Im
Innern zeichnen sich eine jungeisenzeitliche und fünf bronzezeitli-
che Schichten ab. Anhand der Kleinfunde kann der Siedlungsbe-
ginn der Fundstelle in der frühen Bronzezeit angenommen wer-
den. Kerbschnittkeramik und anderes Material deuten an, dass
auch Menschen der mittleren Bronzezeit hier wohnten. Als spek-
takulärstes bronzezeitliches Fundstück sei die 68 cm lange Schei-
bennadel aus der dritten Schicht von unten erwähnt. Die eisenzeit-
liche Strate wird durch das Fragment einer Lanzenspitze, das
Bruchstück eines Glasarmringes, eine beschädigte La-Tène-B-
Eisenfibel und eine Keramikscherbe charakterisiert. In strategisch
günstiger Lage konnte auf der Nordwestseite eine Toranlage fest-
gestellt werden. Zudem gelang es Burkart, mehrere Herdstellen
nachzuweisen.»

Gemäss A. Zürcher (1982), Seite 12, wurden auf der Muota Kera-
mikstreufunde gemacht, welche auf eine Besiedlung auch zur spä-
ten Bronzezeit hinweisen. Diese Streufunde wie auch die Megalithanlage von Planezzas mit der mehrfachen Festhaltung der Sonnenfinsternis vom 25. Dezember 1089 AC lassen den Schluss zu, dass
die Muota praktisch während der ganzen Bronzezeit besiedelt war.
In diesem Zusammenhang sei darauf hingewiesen, dass das Sied-
lungsplateau auf der Mutoa nur zum Teil ausgegraben ist und
weitere für Siedlungszwecke geeignete Areale im Bereich der
Mutoa, wie z. B. Plaun dil Luf, bis dato nicht untersucht wurden.
Auch die archäologische Untersuchung des Schuttinhaltes in den
tiefen Spalten auf dem Gipfelplateau der Muota und bei Plaun dil
Luf dürfte Überraschungen bringen. In solche Spalten, Dolinen
oder speziell für diesen Zweck gegrabene Schächte wurden die
Reste von Brandopfern wie auch andere Opfergaben versenkt.
Zur Datierung der Megalithanlage von Planezzas in die Bronzezeit
besteht eine sehr gute Korrelation zu den Forschungsergebnissen
im benachbarten Ausland und in Südengland, wo die Menhire,
Alignements und Cromlechs aufgrund von Funden generell in die
Bronzezeit eingestuft werden, wobei die Anfänge der «Menhirkul-
tur» bereits im ausgehenden Neolithikum beginnen, um sich in der
Kupferzeit voll zu entfalten. In der auf die Bronzezeit folgenden
Eisenzeit sind typische Menhire eher selten.

Abb. 1 ▷

Abb. 8

Abb. 18

Abb. 23 ▷

A   B   C

Abb. 19

◁ Abb. 24   Abb. 25 ▷   Abb. 26 ▷▷

Abb. 29

Abb. 32

◁◁ Abb. 28   ◁ Abb. 33   Abb. 36 ▷

Abb. 34

Abb. 37

◁ Abb. 38

Abb. 39

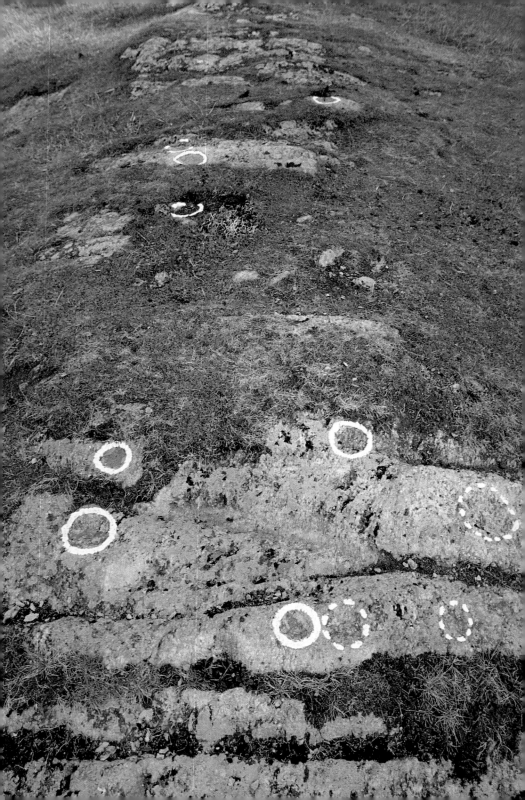

Abb. 42

◁ Abb. 43   Abb. 48 ▷

Abb. 45

Verzeichnis der farbigen Abbildungen

Abb. 38   Blick von Westen nach Planezzas Ost mit den Megalithen 20–22 und 25–27

Abb. 39   Menhir 16 mit Vulva-artigem Loch auf der gegen Südwesten gerichteten Seite («weiblicher» Menhir in Analogie zu Menhiren der Bretagne)

*Abb. 42   Fussspuren- oder Stierkopfstein
Legende:
A = Hufabdruck
B = Fussabdruck
C = südliches Auge, Rillengravur
D = nördliches Auge, Vertiefung
S – S = Spitzen des Gehörns oder der Mondsichel*

Abb. 43   Schalenfels Nord auf Planezzas Ost

Abb. 45   Schalenfels Süd auf Planezzas Ost mit Blick auf fragliches Langgrab und auf Menhir 24

Abb. 48   Kirche St. Remigius mit Menhir 1

Radioaktivität der Megalithe

In der Megalithliteratur finden sich gelegentlich Hinweise auf erhöhte Radioaktivitäten von Megalithen, vor allem auch von anthropogen bearbeiteten Steinen (Schalensteine) im Vergleich zu unbearbeiteten Steinblöcken (J. Röschmann 1962). Da diese Thematik wiederholt Anlass zu Diskussionen gab, wurde für Planezzas eine entsprechende Untersuchung durchgeführt. Während den Messungen lag die Umfeldstrahlung bei etwa 50 c/s. Die Messung von 96 Megalithen und Schalensteinen zeigte nachstehendes Bild in c/s:*)

Gesteinstyp	Anzahl Messungen	Messwerte Durch-schnittswert	minimal	maximal
Puntegliasgranit	32	162	130	220
Granit div.	23	105	50	160
Quarzdiorite	4	93	50	120
Aplit	1	200		
Pegmatit	1	180		
Gneis	2	115	100	130
Diorit/Amphibolit	11	50	50	50
Verrucano	22	50	50	50

Gegenüber der Umweltstrahlung sind die Durchschnittswerte beim Puntegliasgranit dreimal, beim Granit, Quarzdiorit und Gneis zweimal höher. Nicht erhöht sind die Werte beim Amphibolit, Diorit und Verrucano. Die Strahlung aller Puntegliasgranite ist höher als das Umfeld, während bei den anderen Graniten in fünf Fällen keine Erhöhung vorliegt.

---

*) chocs par seconde

Aus diesen Resultaten sind jedoch keine Schlüsse archäologischer Art möglich, denn:

- es ist allgemein bekannt, dass für Menhire, Schalensteine usf. Steine bevorzugt werden, die eine relativ glatte Oberfläche aufweisen, d. h. solche, die seit dem Rückzug des würmeiszeitlichen Gletschers der Verwitterung gut standhielten wie z. B. Granite, Diorite, Amphibolite;
- der Verrucano wird durch die Verwitterung relativ rasch angegriffen und erhält eine grobkörnige Oberfläche;
- Verrucanoblöcke sind oft leichter spaltbar als die vorerwähnten Granite und Diorite, so dass bei der Gewinnung von Baumaterial diese oft bevorzugt wurden.

Unter Berücksichtigung dieser Tatsachen und der Häufigkeit von Puntegliasgranit im Moränenmaterial von Falera ist die klare Dominanz von Megalithen aus Puntegliasgranit auf Planezzas zu verstehen. Dass der Puntegliasgranit gegenüber den anderen Gesteinen im Vorderrheintal eine leicht angehobene Radioaktivität aufweist, ist bekannt.

Zur Astronomie von Megalithanlagen

Einleitende Gedanken

Abb. 20 Plan Planezzas (Vermessung Frau Erika N. Amberg)

Die astronomische Ausrichtung von Einzelmegalithen und megalithischen Bauten auf bedeutende Auf- und Untergänge der beiden grossen Gestirne und Sternkonstellationen ist weltweit bewiesen. So hat vor kurzem Dr. J.-P. Voiret in Vorträgen und Publikationen auf die Bedeutung der megalithischen Astronomie im archaischen China hingewiesen und deren direkte Koppelung mit der Entstehung der ersten Hochkulturen aufgezeigt:

«Man darf annehmen, dass die Astronomie bei fast allen Naturvölkern mit dem blossen Auge und mit dem Gnomon angefangen hat. Mit dem Auge beobachtete man die Gestirne, mit dem Gnomon mass man die Schattenlänge der Sonne, um die Jahreszeiten zu bestimmen. Bald merkten die Menschen, dass viele Himmelsphänomene periodisch sind, und sie begannen, die wichtigsten Sonnen-, Mond- und Sternenpositionen mit Hilfe von stabilen Markierungen festzuhalten: so entstand die megalithische Astronomie…

Der Autor wurde auf die Frage der Vor-Shang-Astronomie indirekt über den Umweg von Untersuchungen der Frage der Machtentstehung im archaischen China aufmerksam. Tatsächlich gibt es kaum eine vorchristliche chinesische Überlieferung aus dieser «mythischen» Zeit der zivilisatorischen Helden Yao, Shun und Yü (Gründer der Xia) des dritten vorchristlichen Jahrtausends, die nicht den Zusammenhang zwischen Astronomie, Landwirtschaft und politischer Macht betont. Diese allerdings erst im ersten vorchristlichen Jahrtausend niedergeschriebenen Texte sind so zahlreich, dass wir mindestens einen zitieren müssen: ‹Der Kaiser sagte: Ihr, Xi und He, hört! Der Jahreskreis zählt dreihundert und sechsundsechzig Tage. Setzt durch Einschieben eines Monats die vier Jahreszeiten fest und vervollständigt das Jahr. Leitet alle Aufseher sorgfältig nach dem Kalender, so werden alle Tätigkeiten des (Bauern-)Jahrs erfolgreich› (Shujing, ‹Ziru›).»

Dank der Astronomie bestand seit Tausenden von Jahren die Möglichkeit, den Jahresablauf kalendarisch zu erfassen und damit gezielt Ackerbau und Viehhaltung zu betreiben. Die Wandlung vom paläolithischen Jäger und Sammler zum Ackerbauern und Viehzüchter fand im Mesolithikum statt. Das Kalenderwissen erlaubte auch eine umfassende Planung und den Ausbau der bereits seit dem Paläolithikum bestehenden Handelsbeziehungen. Mit dem Ackerbau, der Viehhaltung und dem «weltweiten» Handel entstanden Nahrungsüberschüsse, welche vermehrt Arbeitskräfte freisetzten und damit weitgehende berufliche Spezialisierungen erlaubten. Dies führte zwangsläufig zur Entstehung von Hierarchien und von Machtgefügen, in welchen der Priesterastronom eine führende, oft herrschende Stellung einnahm. Von dieser Entwicklung war auch unser Alpenraum nicht ausgeschlossen; in der Surselva z. B. bestand eine in sich geschlossene Bevölkerungsgruppe mit handwerklicher Eigenständigkeit und hohem astronomischem Wissen, die Crestaultakultur (Crestaulta Surin/Lumbrein).

Für die Schaffung des prähistorischen Kalenders diente primär der Sonnenlauf. Die Beobachtung der Sonne, ihr Aufgang und Untergang, ihr höchster Stand am Mittag erfolgte von Auge und unter Zuhilfenahme einfachster «Instrumente». Mit dem Gnomon, einem senkrecht in den Boden gesteckten Pfahl oder einem schlanken Menhir, bzw. einer N-S ausgerichteten schmalen Platte, wie z.B. der Menhir von Runca Sut/Flims (Bd. VII), wurden die Schattenlängen und die Schattenrichtungen im Tages- und Jahresablauf gemessen; man erhielt ein Mass für den Wechsel der Tageslängen und die Verschiebung der Sonnenauf- und -untergänge im Jahresablauf. Der tägliche Höchststand der Sonne am Mittag bestimmte zudem die exakte Nord-Süd-Richtung. Damit war eine Gliederung des Jahres in Jahreszeiten und Vegetationsperioden möglich.

Die durch die bronzezeitlichen Megalithe der Surselva überlieferten Messungen für Sonnenauf- und -untergänge korrespondieren heute noch mit Kalenderdaten, die der Gliederung des Jahres dienen und vor allem auch im Bauernkalender festgehalten sind wie zum Beispiel:

– Wintersonnenwende 21./23. Dezember.
– Sommersonnenwende 21. Juni.
– Tagundnachtgleichen 21. März und 23. September.

- Beginn und Ende des Bauernwinters ca. 11. November und 2. Februar, eine Zeitspanne von 42 Tagen vor und nach der Wintersonnenwende. Noch heute wird der Beginn des Bauernwinters mit dem St. Martinstag und sein Ende mit Mariä Lichtmess, dem Beginn des ländlichen Wirtschaftsjahres, im kirchlichen und ländlichen Brauchtum gefeiert.
- 21. Mai und 21. Juli (Sonnenaufgangsazimut im Bereich von 60°, abhängig vom Breitengrad und der Horizonthöhe). Diese Sonnenbeobachtung ist in der Surselva und speziell auf Planezzas häufig vertreten. Wir begegnen ihr wiederholt in West- und Nordeuropa. Die beiden Daten gruppieren sich um die Sommersonnenwende in einem zeitlichen Abstand von 1 Monat. In dieser Periode entscheidet sich nicht nur im Alpenraum aufgrund des Klimaablaufes, ob mit guter oder schlechter Ernte zu rechnen ist.
- Im weiteren sind in der Surselva wiederholt Sonnenpeilungen megalithisch festgehalten, die sich ebenfalls zeitlich spiegelbildlich um die Sonnenwenden gruppieren:
  - ca. 21. Januar und 22. November, je 1 Monat vor und nach der Wintersonnenwende;
  - ca. 23. Februar und 20. Oktober, je 2 Monate vor und nach der Wintersonnenwende;
  - ca. 21. April und 23. August, je 2 Monate vor und nach der Sommersonnenwende.

Zusammen mit den bereits erwähnten Daten vom 21. Mai und 21. Juli, den Sonnenwenden und den Tagundnachtgleichen, wurde somit bereits zur Bronzezeit das Jahr in zwölf fast gleich lange Perioden aufgegliedert, die nichts mit dem Mondkalender zu tun haben. Aus der Eisenzeit kennt man den keltischen Kalender, und in Ergänzung mit römischen und christlichen Festtagen ergibt sich – wie zu erwarten war – eine erstaunliche Kontinuität bedeutender Zeitmarken über gut 4000 Jahre hinweg.

An dieser Stelle wird es notwendig, auf scheinbare Widersprüche aufmerksam zu machen, die sich beim Vergleich von Sonnendaten über Jahrtausende hinweg ergeben können:

Bei der Korrelation bestimmter megalithisch erfasster Sonnenauf- oder -untergänge und deren Fixierung auf unsere Kalendertage ergeben sich gewisse Ungereimtheiten. So kann z. B. die Sonne sehr wohl am 2. Februar aufgehen, das Pendant mit derselben Deklination bzw. Azimut fällt jedoch nicht auf den 11. November, sondern kann um Tage im Datum vor- oder nachverschoben sein. Die beiden Sonnenaufgänge liegen etwa 42 Tage vor und nach der Wintersonnenwende und sind somit nicht datumabhängig. Betrachten wir unseren heutigen Kalender, so sehen wir, dass das Jahr effektiv länger als 365 Tage ist, weshalb alle vier Jahre ein Schalttag eingefügt wird, d. h. das Schaltjahr dauert 366 Tage. Alle 100 Jahre fällt der Schalttag aus, an den Jahrtausendwenden hingegen wird er wieder eingefügt, um auf diese Weise dem echten Sonnenjahr wenigstens einigermassen gerecht zu werden. Im astronomischen Kalender beginnt der Tag um Mitternacht und endet wiederum um Mitternacht. Bei einer ganz bestimmten Deklination bzw. Azimut kann nun ein Stern, den wir um Mitternacht beobachten können, im Frühjahr kurz vor Mitternacht aufgehen, im Herbst jedoch bei gleicher Deklination erst kurz nach Mitternacht. Eine kalendarische Datumsverschiebung von einem Tag ist damit gegeben. Dasselbe gilt selbstverständlich auch für die Sonne, denn die absolut exakte Sonnenwende erfolgt nicht immer, wenn bei uns Tag ist.

Die vorerwähnten Faktoren bedingen z. B., dass bei der auf den 21. Juni fixierten Sommersonnenwende die Wintersonnenwende auf die Zeitspanne vom 21. bis 23. Dezember fallen kann.

Ein weiterer Faktor, der mit in diese Betrachtungen einbezogen werden muss, ist die Lichtbrechung, wenn die Sonne am Horizont erscheint. Bei Horizont 0° beträgt sie 0,6%, d. h. die Sonne ist bereits am Horizont sichtbar, obwohl sie noch unter der Horizontlinie steht. Bei Horizonthöhen von 9 und mehr Graden sinkt dieser Lichtbrechungseffekt unter 0,1°. Aus diesem Lichtbrechungseffekt können sich Azimutverschiebungen ergeben für ein und denselben Tag, die ½ bis 1° ausmachen. Möglicherweise dienten deshalb schon zur Bronzezeit hochgelegene, astronomisch geortete Schalensteine – wie z. B. derjenige auf Pleun da morts – zur Erfassung dieses Höhenkorrekturwertes. Für Pleun da morts können im Sommerhalbjahr praktisch alle Sonnenaufgänge bei einer Horizonthöhe von annähernd 0° eingemessen sein, während ein zeitlich identischer Sonnenaufgang im Tal bis um 1° abweichen kann.

Im weiteren ist zu berücksichtigen, dass die Sonnendeklination vom Jahr 2000 AC bis heute sich um ½ Grad veränderte. Diese Deklinationsänderung kann bei den meisten heutigen Sonnenbeobachtungen im Vergleich mit einem Sonnenaufgang zur Bronzezeit vernachlässigt werden, da der genannte Betrag nur dem Durchmesser der Sonnenscheibe entspricht.

Wenn sich aber alle die genannten Faktoren kumulieren, können – am heutigen Kalender gemessen – sehr wohl Datumsverschiebungen bis zu vier Tagen auftreten.

Eine echte Verschiebung eines Sonnenaufgangspunktes seit der Bronzezeit kann jedoch geologische Gründe haben. Der normale Abtrag einer Krete ist in der Regel in 4000 Jahren so gering, dass die Horizontabsenkung und damit die daraus resultierende Azimutverschiebung nur mit sehr exakten Messinstrumenten erfassbar ist. Wenn jedoch eine schmale Krete im Bereich starker Erosionsvorgänge liegt (kombiniert mit Sackungen, Rutschen usf.) oder gar der Bergkamm mit in eine Sackung einbezogen ist, wie dies teilweise für den Grat zwischen Lumnezia und Obersaxen zutrifft, sind Absenkungen der Horizontlinie im Dekameterbereich möglich. Bei einer Horizontabsenkung von z. B. 30 m ergibt sich auf 2 km Peildistanz eine Reduktion des Höhenwertes um etwa 1° bzw. des Azimutes bis zu 2°, immerhin vier Sonnenscheibenbreiten.

Bei der Betrachtung der sich heute ergebenden Korrelationsschwierigkeiten von Auf- und Untergängen der Gestirne im ersten Halbjahr mit solchen gleicher Deklination im zweiten Halbjahr ist mit aller Klarheit hervorzuheben, dass der Kalender des bronzezeitlichen Menschen «absolut» war. Er basierte auf feststehenden Aufgangspunkten am Horizont, d. h. identische Azimute für das Erscheinen des Gestirns in der ersten und in der zweiten Jahreshälfte.

Die nachstehende astronomische Interpretation der Megalithanlagen von Planezzas ist eine Weiterführung der früheren Korrelationsversuche. Sie basiert auf einer exakten Vermessungsgrundlage. Gewisse Differenzen zu den früheren Aussagen, welche auf Einmessung der Steine mittels eines einfachen Kompasses erfolgte, waren deshalb zwangsläufig in Kauf zu nehmen. Im weiteren möchten wir an dieser Stelle darauf aufmerksam machen, dass die vorliegenden astronomischen Einmessungen erst ein grobes Gerüst ergeben. Die zurzeit in Gang befindlichen Überarbeitungen, in enger Zusammenarbeit mit Herrn Gieri Coray, Archäo-Astronom, werden mit Sicherheit zu verfeinerten Resultaten führen, die das hohe Wissen der bronzezeitlichen Priesterastronomen in ein noch überzeugenderes Licht stellen werden.

Ein Hinweis für Besucher

Wer die Megalithanlage Planezzas besucht und den Steinreihen und Einzelmenhiren folgt, sucht auf dem Plan Abb. 20 vergeblich nach den grossen Blöcken, die im Bereich der alten Kirche S. Rumetg markant in der Wiese stehen und Scheinwerfer tragen. Damit ist aber ihre Bedeutung auch schon umrissen; sie wurden vor wenigen Jahren antransportiert und an den besten Punkten gesetzt, um auf die einmalig schöne Kirche mit ihrer schiffsförmigen Friedhofummauerung auch in der Nacht aufmerksam zu machen und ihre architektonische Schönheit ins «beste Licht» zu rücken.

Astronomische Aussagen von Einzelmenhiren

Die nachstehenden Ausführungen basieren auf der Vermessung von Einzelmenhiren in Frankreich, Südengland, der Schweiz und Deutschland. Die statistische Zusammenstellung der Resultate zeigt eindeutig, dass diese Steine wie auch die Alignements häufig astronomischen Zwecken dienten, eine Erkenntnis, die sich im Ausland weitgehend durchgesetzt hat.
Die Grundflächen der Einzelmenhire besitzen vielfach eine ausgeprägte Längsachse. Diesbezügliche Vermessungen an über 150 Menhiren des In- und Auslandes und die prozentuale Auftragung der Längsachsen in eine Windrose ergaben bereits sehr interessante Aussagen. H. Weigand (1987) publizierte analoge Vermessungswerte von 139 Menhiren, bei denen es sich nur zu einem kleinen Teil um dieselben Objekte handelt, die auch von uns erfasst wurden. In der Reihenfolge ihrer Häufigkeit verteilen sich die von uns vermessenen Menhire auf Frankreich, Grossbritannien, Deutschland und die Schweiz.
Bei der Darstellung dieser Messwerte aus Ländern, die sich über mehrere Breitengrade – in unserem Fall 47–52° – erstrecken, variie-

74

Tabelle Menhirachsen

Azimutbereiche	Messungen Büchi	Messungen Weigand	Messungen Büchi und Weigand*
Grade	%	%	%
365 – 5	18	21	19
5 – 15	2	3	2
15 – 25	3	6	4
25 – 35	4	3	3
35 – 45	3	4	4
45 – 55	3	1	5
55 – 65	6	6	7
65 – 75	4	1	3
75 – 85	4	2	3
85 – 95	19	22	21
95 – 105	2	4	2
105 – 115	5	5	4
115 – 125	7	1	4
125 – 135	3	4	4
135 – 145	7	4	5
145 – 155	1	3	2
155 – 165	4	6	4
165 – 175	5	4	4

*) In der 3. Kolonne wurden nicht alle Werte von Weigand berücksichtigt, da ein Teil derselben bereits in der ersten Kolonne integriert ist. In Kolonne 3 wurden ferner 14 Messungen aus allerjüngster Zeit – vor allem aus der Schweiz – berücksichtigt. Für Kolonne 3 wurden die Werte somit aufgrund von 220 Messungen errechnet.

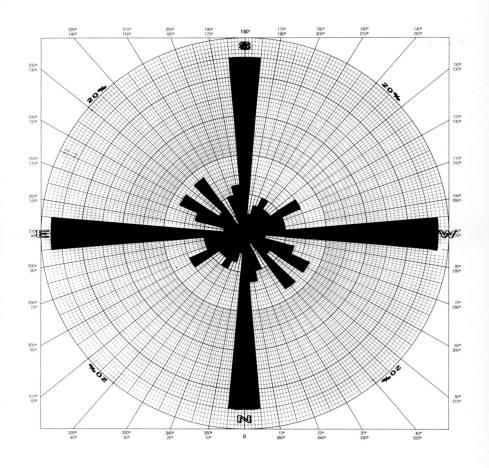

*Abb. 21   Windrose mit prozentualer Verteilung der Menhirlängs-
achsen (Frankreich, Südengland, Deutschland, Schweiz)*

76

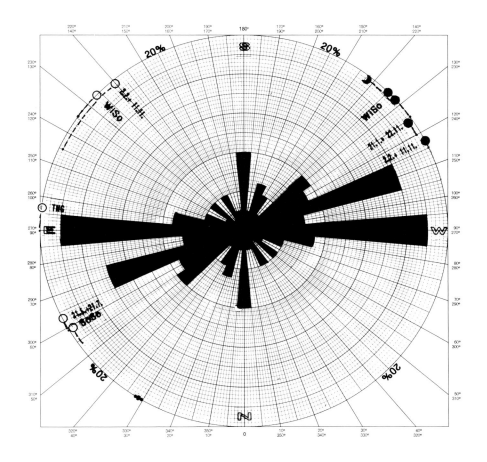

Abb. 22   Windrose mit prozentualer Verteilung der Alignementaus-
richtungen (Frankreich, Südengland, Deutschland, Schweiz)
Auf dem äussersten Kreis sind die Alignement-Visuren von Planez-
zas mit Korrekturwert für Horizont 0° aufgetragen

ren die Peilungen zu Sonnenaufgängen des gleichen Datums am stärksten zur Zeit der Sonnenwenden; an den Tagundnachtgleichen bestehen keine Unterschiede. Für Abb. 21 liegen die Abweichungen maximal bei 4° und konnten aufgrund der gewählten Azimutgruppen von je 10° in den meisten Fällen vernachlässigt werden.

Aus Abb. 21 und Tabelle Menhirachsen ist klar ersichtlich, dass die Mehrheit der Menhire nach den Haupthimmelsrichtungen aufgestellt wurden mit einer kleinen Bevorzugung der Ost-West-Richtung. Sie dienten somit der Orientierung im Raum und mittels der Schattenlängen vermutlich oft auch als Gnomone. Sie sind deshalb auch als Sonnensteine zu bezeichnen, wie sie bekanntlich im Alten Testament als sogenannte Sonnensäulen wiederholt Erwähnung finden (3. Mos. 26.30/2. Chr. 34.4, 34.7/Jes. 17.8/27.9/Ez. 6.4).

Im weiteren sind zwei Schwerpunktbereiche zu erkennen: Der eine liegt zwischen den Azimuten 45° und 65°. In diesem Bereich liegen die Peilungen zu den Sonnenaufgängen der Sommersonnenwende sowie je ein Monat vor und nach derselben, aber auch der Sonnenaufgang am 1. Mai und am 1. August, zwei bedeutende Daten, die später im keltischen Kalender als Beltene und Lugnasadh Eingang fanden. Für Lugnasadh wird auch der Ausdruck Lammas verwendet, welches Wort sich von Loaf-Mas = Brotmesse ableitet und auf ein Erntefest hinweist.

Der zweite Schwerpunkt liegt zwischen den Azimuten 115°–145° mit den Sonnenaufgangspeilungen zur Zeit der Wintersonnenwende und den beiden Daten 2. Februar und 11. November, die heute noch den Bauernwinter begrenzen.

Durch weitere systematische Messungen an Menhiren hoffen wir, die beiden genannten Schwerpunkte exakter aufgliedern zu können.

Astronomische Aussagen der Alignements und Steinsetzungen auf Planezzas

In einer zweiten Windrose (Abb. 22) wurden rund 150 Azimutmessungen von Steinreihen (Frankreich, Südengland, Schweiz) ausgewertet. Eindrücklich ist wiederum die starke Bevorzugung von Ost-West-Peilungen, was nicht erstaunt, denn in der Astronomie wurden und werden die Bewegungen der Sonne von Mittwinter bis Mittsommer in der Regel nicht als Azimute gemessen, sondern von der Ost-West-Richtung aus, entsprechend den Plus- und den Minus-Deklinationswerten (Deklination: Tagundnachtgleichen 0,0°; Sommersonnenwende plus 23,5°; Wintersonnenwende minus 23,5°).

Ferner ist eine gewisse Bevorzugung der Nord-Süd-Richtung feststellbar. Ein deutlicher Schwerpunkt von Peilungen liegt im Azimutbereich zwischen 45° und 75°, das heisst für Sonnenaufgänge im Sommerhalbjahr bzw. zwischen 225° und 255° für Sonnenuntergänge im Winterhalbjahr. In diesem Schwerpunktbereich liegen auf Planezzas die Richtung des Hauptalignements mit 62°/63° und die Visur zum Sonnenaufgang an der Sommersonnenwende.

Die Peilungen der Alignements von Planezzas sind auf dem äussersten Kreis der Windrose eingetragen. Die Kreissignatur bezeichnet das Azimut für den Ortshorizont; mittels einer gestrichelten Linie und einem Endpunkt ergibt sich die entsprechende Verschiebung zum Azimutwert für Horizont 0°. Im vorgenannten Schwerpunkt der Windrose liegen die Sonnenaufgänge von Mitte April bis ca. Ende August bzw. die Sonnenuntergänge zwischen dem 18. Oktober und 25. Februar.

Aus dieser Windrose ist bis dato noch kein Schwerpunkt in Richtung Sonnenaufgänge im Winterhalbjahr bzw. -untergänge im Sommerhalbjahr erkennbar. Durch zusätzliche systematische Einmessungen weiterer Alignements dürfte auch hier weitere Klarheit gewonnen werden.

Die Richtung des Hauptalignements (Menhire 1–5 und weitere 3 Steine) wurde bereits vor gut 50 Jahren erkannt. Sie ist identisch mit der Kultlinie, welche durch die Kirchen S. Rumetg/Falera, S. Sein/Ladir und S. Gieri/Ruschein verläuft (J. Maurizio 1948, Ch. Caminada 1961/1986). Diese Linie visiert gegen Ostnordost

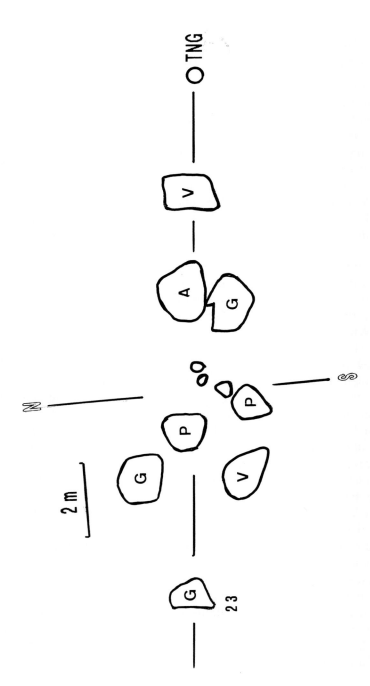

Abb. 30 Blöcke des fraglichen Langgrabes und Menhir 23 des Alignements zum Sonnenaufgang an den Tagundnachtgleichen, G = Granit, V = Verrucano, P = Puntegliasgranit, A = Amphibolit

zum Sonnenaufgang am 21. Mai und 21. Juli, welche Daten einen Monat vor bzw. nach der Sommersonnenwende liegen. In der Gegenrichtung weist die Visur von Planezzas aus zum Sonnenuntergang um den 11. November bzw. 2. Februar, welche Daten Beginn und Ende des Bauernwinters bezeichnen (Abb. 23–26).

Auffällig ist, dass die Kombination der Menhire 3 und 4 mit einem dritten Stein die Eckpunkte eines pythagoreischen Dreiecks markieren mit den Seitenverhältniswerten 8:15:17. Es handelt sich um das dritte pythagoreische Dreieck in der pythagoreischen Zahlenreihe. Die Katheten liegen Nord-Süd und Ost-West, die Hypotenuse entspricht dem Azimut des Hauptalignements. Möglicherweise bildete dieses Dreieck die Ausgangsbasis für die astronomische Erstellung der gesamten Megalithanlage.

Der pythagoreische Lehrsatz basiert auf den Beziehungen der Dreieckseiten $a^2 + b^2 = c^2$ im rechtwinkligen Dreieck. Pythagoras, der griechische Philosoph aus Samos, lebte im 6. Jh. AC, somit nach der Bronzezeit. Die genannte Dreiecksbeziehung war jedoch schon den Babyloniern bekannt und wurde im 2. Jahrtausend AC bei der Errichtung von Bauten mit rechten Winkeln angewandt. Aus der altägyptischen Messtechnik kennen wir die Harpedonapten, die Seilspanner, welche den rechten Winkel mit den Seilabschnitten im Verhältnis 3:4:5 bestimmten. Somit ist es nicht erstaunlich, dass der rechte Winkel auch in den Megalithkulturen – nicht nur der Schweiz – auftaucht.

Aus dem Plan von Planezzas (Abb. 20) sind weitere Alignements-Visuren ersichtlich, so zum Sonnenaufgang zur Zeit der Sommersonnenwende (Abb. 25 + 26), ferner zu den Tagundnachtgleichen (Abb. 28), zu Beginn und Ende des Bauernwinters und zur Wintersonnenwende.

Durch Alignements wurden auch die Sonnenuntergänge zur Zeit der Wintersonnenwende, je ein Monat vor und nach derselben, sowie jene für Beginn und Ende des Bauernwinters erfasst. Durch Steinreihen und spezifische Menhiranordnungen sind auf Planezzas mehrfach auch die Nord-Süd- und Ost-West-Himmelsrichtungen festgehalten.

Wie eingangs unserer Schrift erwähnt wurde, repräsentieren Peilungen mittels Menhiren und Alignements (nicht speziell für diesen Zweck anthropogen bearbeitete Steine) Messanlagen einer frühen bronzezeitlichen Periode, im Gegensatz zu den astronomisch ausgewiesenen Schalen- und Zeichensteinen, die einer jüngeren Epoche angehören.

Die Sonnenaufgänge einen Monat vor und nach der Sommersonnenwende besitzen nicht allein für Planezzas und die Surselva eine wesentliche kalendarische Bedeutung. Wir finden diese Sonnenpeilung vor allem auch in Frankreich und Südengland. In diesem Zusammenhang möchten wir die Megalithanlage Men-an-Tol (Abb. 29) in Cornwall erwähnen. Zur Bronzezeit war Südengland der Hauptlieferant des Zinns für Westeuropa. Die Kombination von zwei Menhiren (Phallussymbole) mit dem durchlochten Scheibenmenhir (weibliches Geschlechtssymbol) und der Lage der Megalithe in einem Quellengebiet spricht für einen astronomischen Fruchtbarkeitskultplatz. Mit entsprechender breitengradbedingter Korrektur weist diese Peilung ebenfalls zum Sonnenaufgangspunkt vom 21. Mai und 21. Juli, welche Daten jene Periode eingabeln, in welcher aufgrund der dann herrschenden klimatischen Verhältnisse die Entscheidung fällt, ob mit guter oder schlechter Ernte zu rechnen ist.

Im Bereich des Alignements zu den Tagundnachtgleichen besteht östlich von Menhir 23 eine Steinanordnung, bei welcher es sich möglicherweise um die Reste eines ehemaligen Langgrabes oder eines anderen megalithischen Bauwerkes handeln könnte. Ohne eine archäologische Detailuntersuchung ist ein definitiver Entscheid nicht möglich (Abb. 30).

Wie wir in anderem Zusammenhang bereits erwähnten, soll auf Planezzas um die Jahrhundertwende noch ein grosser Steinkreis bestanden haben, in welchem die Dorfjugend gerne spielte. Auf Abb. 31 wurden Steinanordnungen speziell hervorgehoben, die Teile von Steinringen repräsentieren. Der Ring mit dem grössten Durchmesser von ca. 65 m könnte dem vorgenannten Cromlech entsprechen. Er besteht heute noch aus zwei Menhiren des Hauptalignements und drei, evtl. vier weiteren Steinen.

Abb. 31   Situationsplan Ostteil mit Eintrag der Cromlechs ▷
(Steinringe)
Legende siehe Plan Abb. 20

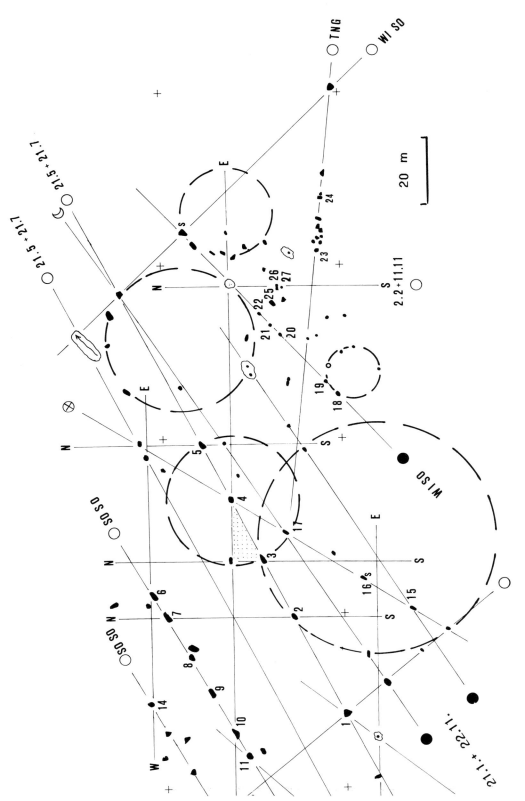

Ein zweiter Kreis von ca. 40 m Durchmesser umfasst sechs Steine, den nördlichen Schalenfelsen auf Planezzas Ost und den Sockelfelsen eines noch vor wenigen Jahren vorhanden gewesenen Menhirs. Menhir 4 bildet das Zentrum eines weiteren Cromlechs mit den Menhiren 3, 5, 17, mit dem Megalithen des dritten Eckpunktes des pythagoreischen Dreiecks und einem weiteren Block; der Durchmesser dieses Kreises misst ca. 36 m.

Ein kleiner Cromlech von ca. 15 m Durchmesser verläuft durch die Menhire 18 und 19 und vier weitere Steine, von welchen der eine erst vor kurzem zerstört wurde.

Im östlichen Teil von Planezzas liegen sieben Steine auf einem Kreisbogenstück, welches im Norden mit dem Fussspurenstein beginnt und einem theoretischen Kreis von 25 m Durchmesser entspricht. Ob es sich um den Rest eines ursprünglich geschlossenen Kreises handelt, kann nicht mehr entschieden werden (Abb. 31).

Menhirabstände in den Alignements

Bereits W. Burkart stellte fest, dass im Hauptalignement die Abstände zwischen den einzelnen Menhiren ähnliche Werte aufweisen, und schloss daraus, dass bei wesentlich grösseren Abständen ein Menhir zerstört wurde. Aufgrund der heute vorliegenden exakten Menhirvermessungen ergeben sich folgende Abstandswerte: Bei Annahme, dass in den beiden grossen Lücken zwischen zwei Menhiren von je ca. 32 m je 1 Menhir fehlt, ergeben sich mittlere Menhirabstände von 17,40 m. Wird jedoch angenommen, dass keine Menhire fehlen, erhöht sich der mittlere Abstand auf 18,90 m. Die erste Annahme ist die wahrscheinlichere, da die Schwankungen um den Mittelwert von 17,40 m bei ca. 10% liegen.

Beim Alignement Menhire 6–12 mit Peilrichtung zur Sommersonnenwende liegt der mittlere Menhirabstand bei ca. 11 m, wenn man davon ausgeht, dass zwischen Menhir 10 und 11 bzw. 11 und 12 mehrere Menhire fehlen, was durch unsere früheren Kartierungen zumindest für einige Menhire bewiesen werden kann. Die Schwankungen um den Mittelwert liegen bei ca. 25%.

Das Alignement mit Peilrichtung zur Wintersonnenwende, bestehend aus 8 Steinen (Menhire 18–22, Sockelfels, grösserer Megalith und Megalith mit Fussspur), besitzt eine Gesamtlänge von ca. 63 m. Bereits unsere früheren Untersuchungen zeigten, dass die Abstände der nahe beieinander gelegenen Menhire 18–19, 20–21, 21–22 Abstandswerte von ca. 4 m aufweisen. Die grösseren Lücken weisen Längen auf, die durch vier teilbar sind. Bei Annahme von entsprechend fehlenden Menhiren gelangt man zu einem mittleren Abstand von 4,20 m, mit Schwankungen von nur 10% um den Mittelwert. Wie wir in einer früheren Schrift erwähnten, entspricht der mittlere Abstand 5 megalithischen Ellen (1 Elle = ca. 80 cm).

Die Steinreihe mit Peilung 31°/32° weist mittlere Abstände von 14,30 m auf, wobei der Schwankungsbereich bei ca. 15% liegt. Der Wert zwischen Menhir 17 und dem Kreuzungspunkt mit dem Hauptalignement bei Menhir 4 beträgt 18 m, die Abweichung ist hier somit wesentlich höher; sie kann damit erklärt werden, dass ein entsprechender Ausgleich des Abstandes aus Peilgründen bewusst nicht erfolgte. Zwischen Menhir 4 und dem Megalithen im NNE fehlt aufgrund des grossen Abstandes ein Stein.

Alignement Azimut 31°/32°

(Abb. 34)

von Gion Gieri Coray

Der überwiegende Teil der Steinsetzungen auf Planezzas galt der Beobachtung der regelmässigen, sich stetig wiederholenden Veränderungen der Sonnen- und Mondbahn.

Eine auffällige Ausnahme bildet das sechs Steine umfassende Alignement mit dem Azimut 31°/32°. Aufgrund ihrer geringen nördlichen Abweichung kam kein Sonnen- oder Mondaufgang als Peilung in Frage. Als Kandidat blieb im wesentlichen nur ein stellares Objekt übrig.

Infolge der Präzession bewegt sich die scheinbare Himmelskuppe mit einer Geschwindigkeit von einem Grad in einem Zeitraum von 71 Jahren und 8 Monaten. Dies gegenüber einer jahreszeitlich definierten Sonnenposition. Das hatte zur Folge, dass der Errichtungszeitpunkt der Megalithanlage bekannt sein musste, wollte man die über dem Azimut 31°/32° aufgehenden Sterne eruieren. Dank des als Glücksfall zu bezeichnenden Fundes von Holzkohle im Fundament eines Menhirs der Hauptsteinreihe, konnte die Suche dann auch aufgenommen werden.

Der Hinweis von Herrn Dr. William Brunner-Bosshard, dass der als «Milchmannli» bekannte Schalenstein auf dem Frundsberg/ Ruschein das Sternbild Cassiopeia darstellt, war dann auch der entscheidende Hinweis. Die Berechnungen zeigten, dass um 1100 bis 1200 AC der Stern Cassiopeia Beta, auch Caph (die gefärbte Hand) genannt, seinen Aufgangspunkt bei Azimut 31°/32° hatte.

Die antike Sage berichtet über Cassiopeia, die Königin von Äthiopien, dass sie sich rühmte, schöner als alle Nymphen zu sein. Darauf beschloss Poseidon einen Walfisch zu entsenden, um die Küstengebiete Äthiopiens zu verwüsten. Die Schwere der Verfehlung Cassiopeias wird aufgrund ihres Verbannungsortes in den hohen Norden des Himmelsgewölbes ersichtlich.

Ein Hinweis, wie die Sternbildgrenze der Cassiopeia in der Bronzezeit gezogen wurde, zeigt der schon erwähnte Schalenstein in Ruschein. Der Name «Milchmannli» ist auch treffend für das Sternbild, befindet es sich doch inmitten der Milchstrasse, umgeben von einigen wunderschönen offenen Sternhaufen.

Die Deutung der Steinreihe Azimut 31°/32° wird erleichtert durch ihre besondere Konfiguration. So ist Menhir 4 zugleich Bestandteil der Hauptsteinreihe Azimut 62°/63°. Diese gegenseitige Abhängigkeit in der Bauweise zeigt sich dann auch in der Beziehung Sonnenauf- und -untergang an den Horizontpunkten der genannten Peilung einerseits und den Aufgängen der Cassiopeia über Azimut 31°/32° anderseits.

Da die Erde beim jährlichen Sonnenumlauf, gegenüber dem Sternenhintergrund um knapp ein Grad im Tag weiter rückt, verfrühen sich die Sternaufgänge täglich um ca. 3 Min. 56 Sek., so dass sich nach einem Jahr die alte Ordnung im wesentlichen wieder herstellt.

Nun zeigte sich, dass um das Jahr 1100/1200 AC Cassiopeia nach der bürgerlichen Abenddämmerung des 22. Mai am Lokalhorizont ihren Aufgang hatte.

Aus den zahlreichen Inschriften weiss man, dass die Ägypter den Frühaufgang des Sirius über eine sehr lange Zeit beobachtet haben. Dieser fiel zusammen mit der segensreichen Nilflut. Diese Ereignisse waren denn auch die Grundlage des ägyptischen Kalenders.

Auch die Megalithkultur Faleras zeigt nun ein ähnliches Phänomen, nur mit dem Unterschied, dass zwei astronomische Ereignisse miteinander verbunden wurden, nämlich Sonnenaufgang am 21. Mai (Hauptsteinreihe) und der genannte Aufgang von Caph. Ansonsten hätte man ja eher vermuten müssen, dass ein heller Stern wie z. B. die Wega Anlass zum Bau einer Steinreihe gewesen wäre. Diese astronomische Folgerung führt zum erstaunlichen Schluss, dass der bronzezeitliche Mensch auf Falera bereits mit einer Jahreslänge von 365¼ Tagen rechnete.

Interessant ist ferner die Tatsache, dass der Stern Caph fast zirkumpolar war, das heisst, dass er bei niedrigem Horizont nur für kurze Zeit unter dem Horizont untertauchte und somit die meiste Zeit am Nachthimmel zu beobachten war. Für den Menschen, der durch seine Tätigkeit eng mit der Natur verbunden war, dürfte es ein leichtes gewesen sein, die Nachtzeit an der Stellung der zirkumpolaren Sterne abzuschätzen. Insbesondere wenn sie – wie gezeigt – eng mit der Stellung der Sonne gekoppelt und verglichen wurden.

Das Megalithzentrum in Falera zeigt sehr schön, wie gekonnt und dauerhaft unsere Vorfahren ihr astronomisches Wissen umsetzten, so dass wir heute noch den Versuch machen können, eine faszinierende Facette menschlicher Tätigkeit zu beleuchten.

Der Hauptpunkt des abschliessenden Gedankens stammt nicht aus meiner Feder, sondern entspringt einer Anregung von Dr. U. Büchi: Gerechnet vom Nordpunkt her, bildet das Alignement Azimut 31°/32° die Winkelhalbierende zum Alignement 62°/63°.

Aus diesen mannigfaltigen Beziehungen, die eine sehr sorgfältige Auswahl des Standortes bedingten, wird auch die kosmologische Dimension der zugrundeliegenden Naturphilosophie spürbar. Das Bestreben der damaligen Menschen, mit den Urelementen Himmel und Erde in Einklang zu stehen, findet seinen sichtbaren Niederschlag in den megalithischen Anlagen, die als die Umsetzung der himmlischen Gesetze auf Erden aufgefasst werden können.

Anthropogen bearbeitete Megalithe und anstehender Verrucanofels

(Abb. 35 + 39–46)

Die beiden Megalithe 26 und 27 bilden in ihrer direkten Beziehung zur bronzezeitlichen Siedlung auf der Muota ein kultastronomisches Mess- und Beobachtungssystem besonderer Art. Die Granitplatte des Menhirs 26 weist eine grosse, grob bearbeitete Kimme auf. Die Schlagspuren zur Abspaltung des Gesteinsstückes zur Schaffung der Kimme sind auf der Nordseite der Platte grösstenteils noch klar auszumachen. Der gute Erhaltungszustand der Schlagspuren lässt auf eine Verstürzung der Steinplatte bereits in prähistorischer Zeit schliessen.

Bis zur Aufrichtung des Menhirs im Herbst 1988 war die Platte mit Humus bedeckt und damit vor mechanischen Einflüssen geschützt. Die bei der Ausgrabung angetroffenen Fundationsverhältnisse, nämlich Ost-West-verlaufende Stufe im Lehmbett und zwei Anschlagsteine, beweisen, dass die Längsachse der Menhirbasis Ost-West lag. Dementsprechend ergibt sich eine Nord-Süd-Visurrichtung über die Kimme.

Genau im Süden liegt nun die höchste Kuppe der Muota, der seinerzeitige bronzezeitliche Siedlungsplatz. Auf der Gegenseite gegen Norden folgt anstehender Verrucanofels, auf welchem vor 15 Jahren noch ein kleiner Menhir stand. Die Visurlinie von der Kimme zur Muota hinauf besitzt eine Neigung von $+26°$ zur Horizontalen und damit zum Standpunkt der Sonne um den 2. Februar und 11. November, wenn sie genau im Süden steht und die Horizontlinie der Kuppe berührt bzw. zwischen den bronzezeitlichen Häusern stand. Im Blickfeld durch die Kimme gegen Süden liegt aber auch der Megalith 27 mit seiner oben ebenen, rundlichen Fläche. Der Winkel von der Kimme nach unten zur Mitte des genannten Steines, der im gemeinsamen Lehmbett mit Menhir 26 liegt, misst interessanterweise $-26°$ zur Horizontalen. Der Schluss liegt deshalb nahe, dass der kultastronomische Priester die beiden Steine 26 und 27 bewusst im gleichen Lehmbett aufgestellt und ausgerichtet hatte, um die Sonne, die oben auf der Muota zu stehen schien, hinunter als Bild auf eine altarartige Steinfläche zu projizieren: oben die Sonne und unten das Opferfeuer an den beiden Tagen

*Abb. 35   Menhir 26 mit den Schlagspuren zur Herstellung der
Kimme. Blick gegen Süden zu Megalith 27*

zu Beginn und am Ende des Bauernwinters, als Dank für gute Ernte
im Herbst und Beschwörung der neuen Fruchtbarkeit zur Zeit des
heute noch gefeierten Lichtfestes am Ende des Winters. Betrachtet
man an diesen Tagen die Sonne am hohen Mittag über die Kimme,
so ergibt sich das wohlbekannte Symbol einer Mondsichel bzw.
Stiergehörns, das die Sonnenscheibe trägt (siehe *Megalithe der
Surselva*, Bd. VII).
Zusammen mit den unmittelbar benachbarten Menhiren und den
beiden Schalenfelsen scheint hier ein Kultplatz besonderer Prägung
vorzuliegen. Hierzu gehört die Ausrichtung der Längsachse des
Menhirs 25 zum Sonnenaufgang um den 21. Mai und 21. Juli und
das Alignement von acht Steinen mit den Menhiren 18–22, das im
Nordosten beim Fuss- bzw. Stierkopfstein beginnt und an einem
kleinen Cromlech endet. Das Alignement weist gegen Südwesten

zum Sonnenuntergang zur Zeit der Wintersonnenwende. Die Bedeutung dieses Kultplatzes wird noch hervorgehoben durch die Funde auf den Lehmbetten der nahe beieinander liegenden Menhire 25, 26 und 27. Zu erwähnen sind neben Holzkohle und Ocker das Trockenmauerwerk, ein Knochenstück, ein Glimmerschiefergeröll, ein grösserer Brocken feinkörniger Amphibolit, weisser Quarzit und der rote, ortsfremde Granit. Zu diesem Kultplatz gehören auch die beiden Schalenfelsen, auf die wir später zurückkommen werden.

Vom Menschen teilweise bearbeitet dürfte die Rinne sein, die sich auf dem als «Opferstein» bezeichneten Verrucanorundhöcker befindet (Bd. I). Die Rinne führt vom höchsten Punkt des Felsrükkens gegen Nordosten und endet an einem kleinen, senkrechten Absturz. Sie folgt teils natürlichen Gesteinsstrukturen, teils ist sie künstlich überarbeitet und eingetieft. Trotz starker Abwitterung und Spuren späterer menschlicher Einwirkung ist die Rinne auch heute noch über grössere Abschnitte für die Ableitung von Flüssigkeiten weitgehend funktionsfähig.

Die Verlängerung der Rinnenrichtung weist gegen Südwesten über einen Megalithen, in welchem sich gemäss Plan (Abb. 20) bereits drei Visurrichtungen schneiden. Diese vierte Richtung verläuft praktisch parallel zum Alignement durch die Menhire 18–22 und weist somit ebenfalls zum Sonnenuntergang an der Wintersonnenwende. Dadurch wird erneut die zentrale Bedeutung von Menhir 4, dem östlichen Eckpunkt des pytagoreischen Dreiecks unterstrichen und der «Opferstein» als solcher bestätigt.

Die Südwestseite von Menhir 16 im Alignement 31°/32° trägt eine ovale Schale, Durchmesser 13 bzw. 8 cm, Tiefe 4 cm (Abb. 39). Sie liegt im Bereich eines basischen Einschlusses im Quarzdiorit. Solche Einschlüsse verwittern häufig rascher als das sie umgebende Gestein. Mögliche Bearbeitungsspuren sprechen dafür, dass hier eine Schale vorliegt, die durch die Kombination von Verwitterung und menschlicher Bearbeitung entstand.

Menhire mit einzelner Schale oder Vulva-Darstellung sind uns in Frankreich wiederholt begegnet. Teils sind sie mit reliefierten Bearbeitungen kombiniert, die Brüste repräsentieren. In unserem Fall könnte es sich ebenfalls um einen «weiblichen» Menhir und damit um eine einfachste anthropomorphe Darstellung handeln. Der Megalith von Ravaneins/Laax, die «Balugna Grossa» mit Vulva und

Abb. 40   Mondförmige Schale in Verrucanoblock westlich von Menhir 1

Brusthügeln, könnte ebenfalls in diese Kategorie eingeordnet werden (Megalithe der Surselva Bd. III).

Südwestlich von Menhir 1 ist im anstehenden Verrucanofels eine Schale mit 15 cm Durchmesser und 3 cm Tiefe eingegraben. In den letzten 15 Jahren ist sie sehr stark verwittert.

Zwischen Menhir 1 und 13 liegen zwei Schalensteine. Der südliche von ihnen trägt eine Mondschale von ursprünglich 13 cm Durchmesser und 4 cm Tiefe. Die Schale war vor 15 Jahren noch weitgehend intakt, weist heute jedoch neben normalen Verwitterungsspuren auch deutliche Hackspuren auf, so dass das ursprüngliche, klar zu erkennende Bild einer Mondsichel undeutlich geworden ist (Abb. 40).

Abb. 41   Schalenstein aus Puntegliasgranit westlich von Menhir 1

Der nördliche Block weist eine runde Schale auf mit Durchmesser 9 cm und Tiefe 2 cm, zudem eine ovale Schale mit Längsachse 13 cm, Querachse 8 cm und Tiefe 2 cm. Diese Schale wird von sechs kleinen Schälchen mit Durchmessern von 1½ cm und Tiefen von ½ cm begleitet. Eine Deutung dieser anthropogenen Bearbeitung ist bis heute noch nicht möglich, da uns ähnliche Darstellungen in Kombination mit anderen Bearbeitungsspuren besserer Aussagekraft nicht bekannt sind (Abb. 41).

Die beiden Schalensteine bilden zusammen mit Menhir 11 und einem weiteren Block bei der Kirche Sogn Rumetg eine Steinreihe, die zum Sonnenuntergang zur Zeit der Wintersonnenwende weist.

Infolge der völlig anderen Horizontverhältnisse weist sie ein anderes Azimut auf als jenes des Alignements Menhire 18–22.

Im weiteren müssen die Steine mit anthropogenen Bearbeitungen im Westen von Planezzas erwähnt werden, die jedoch bereits in Bd. I beschrieben wurden. Es handelt sich um den «Mondpfeilmegalithen» mit Visur zur Sonnenfinsternis am 25. Dezember 1089 AC und den Verrrucanoblock mit eingeritztem Kreis wenig nördlich des genannten Steines. Diese Ringgravur von 145 cm Durchmesser ist jedoch im Verlauf von 1½ Dezennien fast völlig verschwunden und kann nur bei optimalem, sehr tiefem Lichteinfall noch gesehen werden.

Der bereits erwähnte Fussspurenstein im Osten von Planezzas, der den Endstein des Alignements mit den Menhiren 18–22 bildet, wurde bereits in Bd. I erwähnt und in Bd. VII, Foto 10, dargestellt, und zwar als Interpretation von Stierkopf mit fussartiger Eintiefung oberhalb der Hörner. Verbindet man die beiden Spitzen des Gehörns, erhält man eine Visur zum Südhimmel in den Bereich des Sonnenstandes zur Zeit ihrer maximalen Bedeckung durch den Mond während der Finsternis vom 25. Dezember 1089 AC. Ob das rechte Auge des «Stieres», eine Ringgravur, die ringförmige Sonnenfinsternis repräsentiert, kann in Analogie zum Crap Fraissen, Laax, angenommen werden. Die Visurlinie durch die beiden «Stieraugen» zielt zudem in den Bereich des Sonnenaufgangs an der Wintersonnenwende (Abb. 42).

Die beiden Schalenfelsen auf Planezzas Ost

Es gilt schon seit langer Zeit als gegeben, dass vielerorts Schalen für Peilungen Verwendung fanden und in solchen Fällen zur Aufnahme von Rundhölzern oder Steinsäulen dienten, die senkrecht aufgestellt die Jalonierung von Richtungen erlaubten (u. a. Ch. Caminada). In diesen Fällen ging die Visur nicht über die Schalenmitten, sondern lag tangential an den Schalenrändern, was eine wesentlich exaktere Messmethodik erlaubte. Auf dem Schalenstein im Gletschergarten Luzern besteht eine tangential an die Schalenränder anliegende Meissellinie, welche auf diesen Sachverhalt hinweist. Eine ähnliche tangentiale Rille hat Herr Prof. Dr. K. Aulich, St. Gallen und Arcegno, auf einem Schalenstein bei Arcegno TI entdeckt. An dieser Stelle möchten wir Herrn Aulich für diesen Hinweis und die Begehung an Ort und Stelle unseren herzlichen Dank aussprechen.

Auch Visuren über die Schalenmitten sind allgemein bekannt. Schriftlich und anlässlich von Exkursionen wurden wir wiederholt auf andere Visurhilfen und Messmethoden aufmerksam gemacht. Die Verhältnisse auf Planezzas rechtfertigen, dass diese weiteren Aspekte hier aufgezeigt werden.

Anlässlich einer Führung auf Planezzas wurde von einem Teilnehmer – wohl angeregt durch die Verwendung von Lehm als Hilfe zur Aufrichtung der Menhire – auf die Möglichkeit der Aufstellung von dünnen Stäben in lehmgefüllten Schalen hingewiesen. Die Stäbe konnten im tiefsten Punkt einer Schale senkrecht gestellt und durch eine Lehmpackung fixiert werden. Tatsächlich verlaufen Schalenvisuren häufig durch die Schalenmitten, was auch für den Schalenfels Süd auf Planezzas zutrifft. Mit dünnen Stäben ergibt sich selbstverständlich eine viel exaktere Jalonierung als mit Rundhölzern oder Steinsäulen. Zudem kann bei Bedarf das Messsystem wesentlich rascher aufgebaut werden.

Auf eine weitere, einfache Visurmöglichkeit auf engstem Raum wurden wir schon vor einigen Jahren von Dr. med. H. R. Schwarz, St. Peter, Schanfigg, aufmerksam gemacht. Aus seinem Brief vom März 1984 zitieren wir:

«Mit grossem Interesse haben wir Ihre Publikation über die Megalithe der Surselva gelesen und möchten Ihnen hier einen weiteren Gedanken zu kultastronomischen Peilungen bei Schalensteinen kurz mitteilen. Auf Seite 14/16 (Megalithe der Surselva Bd. I) vermuten Sie mit Caminada, es könnten aufgestellte Steinsäulen als Jalons in die Schalen plaziert worden sein. Solche Zeichen immer genau gleich hinzustellen, erscheint aber als ziemlich schwierig, und zumal bei kurzem Beobachtungsabstand dürften rasch Winkelfehler entstehen. Ein Lot wäre da genauer – oder ebenso von der Schwerkraft ausgerichtet ein umgrenzter horizontaler Wasserspiegel! Dies erlaubt eine Doppelpeilung, nach Richtung und nach Höhe, wobei das aufleuchtende Signal auch aus grosser Distanz wahrzunehmen wäre.

Hinter einem Stein mit zwei wassergefüllten Schalen stehend brauchte es z. B. nur ein kleines Kopfneigen oder Rumpfbeugen, um die Sonne am Horziont in der einen und anderen Schale aufleuchten zu sehen. Versuchsweise haben wir so das Bild des Sonnenaufgangs von der Hausschwelle aus in zwei wassergefüllten und entsprechend ausgerichteten Blechdosen aufgefangen.

Als Beobachtungspunkt könnte natürlich auch selber ein gesetzter Stein dienen, oder ein Jalon in einer Schale, oder der Mensch selber über einer Schale stehend. Im Prinzip ergäben also schon ein Stein und eine Schale einen sehr genauen Spiegelsextanten, um, kultisch ausgedrückt, zur richtigen Zeit das Gestirn in die Opfergabe hineintauchen zu sehen.»

Einen Hinweis in diese Richtung finden wir auf dem Frundsberg Ruschein, und zwar mittels dreier Schalen (U. und G. Büchi 1980). Durch Aufstellen von Holz- oder Steinsäulen in die beiden südlichen Schalen verbleibt eine vertikale Visurspalte von 2 cm Breite, durch welche die Sonne am hohen Mittag einen Lichtstreifen in die nördliche Schale wirft, jedoch nicht in deren Mitte, sondern zum tiefsten Punkt der Schale, so dass mit wenig Wasser in der Schale die Nord-Süd-Richtung exakt eingemessen werden kann.

Die Schalenanordnungen auf dem Schalenfelsen Süd von Planezzas mit Visur durch die Schalenmitten könnten sehr wohl auch mittels der Methode von Dr. Schwarz erfolgt sein.

Die erneute Untersuchung der beiden Verrucano-Rundhöcker auf Planezzas im Südosten und Nordwesten der Menhirgruppe 20–22 und 25–27 bestätigt die bereits erwähnte kultastronomische Bedeutung dieses Megalithbezirkes. Durch die Freilegung weiterer, unter dem Humus verborgener Schalen konnten die bisherigen Aussagen wesentlich erweitert werden. Beide Schalenfelsen stehen u. a. in einer direkten Beziehung zum Sonnenlauf am Nahhorizont der Muota im Winterhalbjahr.

Die Entdeckung eines grösseren Stückes von gebranntem Ocker beim Schalenstein Süd aufgrund von Schalenpeilungen bildet eine schöne Bestätigung unserer Arbeitshypothese und deren Folgerungen in bezug auf die astronomischen Aussagen von Steinsetzungen und anthropogen bearbeiteten Kalendersteinen.

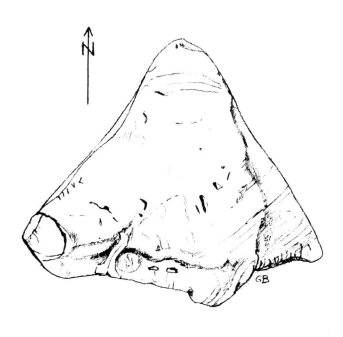

Abb. 47   Schalenfels Süd auf Planezzas Ost: gebrannter Ocker

Schalenfels Nord (Abb. 43 + 44)

Auf Abbildung 44 sind das Schalenbild und die Horizontlinie des Ostabfalles der Muota dargestellt. Die Schalenpeilungen A bis D beziehen sich auf bestimmte Sonnenstände am Nahhorizont. Zur Zeit der Wintersonnenwende, Punkt D, zeigt sich die Sonne nur über eine sehr kurze Zeit am Nahhorizont. Die Situation A bis C zeigt den Aufgang der Sonne 1 Monat vor bzw. nach dem Wintersolstitium. Die Sonne folgt dann der Krete über B nach C, wo sie sich vom Horizont abhebt. Ähnlichen Messsystemen sind wir u. a. in Laax begegnet (siehe Bd. III).

Im weiteren bestehen Schalenvisuren zum Sonnenaufgang am 21. Mai und 21. Juli bzw. in der Gegenrichtung zum Untergang der Sonne um den 2. Februar und 11. November, somit analog zur Ausrichtung des Hauptalignements. Durch direkte Beobachtung am 21. Juli 1989 liess sich der Nachweis erbringen, dass der Schattenwurf eines in die nordöstlichste Schale eingesetzten Jalons genau die beiden nordwestlichsten Schalen bedeckt. Schon 1–2 Tage vor und nach den genannten Daten wird der Rand der einen bzw. anderen Schale vom Licht der aufgehenden Sonne überflutet. Werden die beiden Schalen im Sinne von Herrn Dr. Schwarz mit Wasser gefüllt, ist die astronomische Aussage durch die Spiegelungseffekte noch viel eindrücklicher.

Zwei weitere, praktisch parallel liegende Visuren über je drei Schalen weisen mit Azimut 20° zum Nordhimmel in Polarnähe. Die Abklärung einer entsprechenden stellaren Konstellation durch Herrn G. Coray ist im Gange.

Abb. 44   Schalenfels Nord auf Planezzas Ost, Schalenbild ▷
und Nahhorizont an der Muota

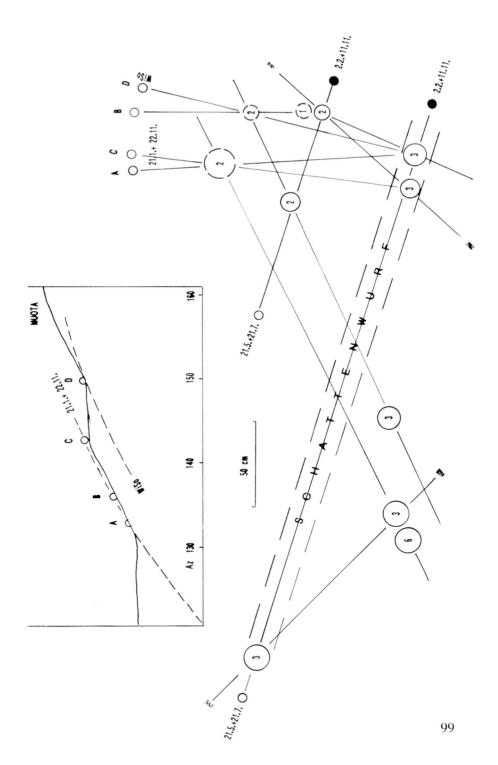

Schalenfels Süd (Abb. 45 + 46)

Die Grundrisssituation ist in Abb. 46 dargestellt, ebenfalls die Horizontverhältnisse im Nahbereich an der Muota. Die Schalenanordnungen und deren astronomische Aussagen sind verblüffend einfach. Anlässlich der Vermessungsarbeiten fiel auf, dass drei Schalenvisuren sich auf einem Rasenband im Südteil des Verrucanorundhöckers schneiden; die Fläche des «Schnittpunktes» war kaum grösser als ein Fünffrankenstück. Die erste der genannten Visuren ergab sich durch den Rillenschliff, der eine Schale über das Zentrum schneidet und in der Fortsetzung gegen Nordnordwest den kleinen, stark verwitterten, ringförmigen Rillenschliff tangential berührt. Die zweite Visur verläuft durch die Mitten von zwei und die dritte durch die Mitten von drei Schalen.

Vom genannten Schnittpunkt ergibt sich zu einer weiteren einzelnen Schale eine Visurlinie, die nur um einige wenige Grade von der Nord-Süd-Richtung abweicht. Da die Erfahrungen in der Surselva immer wieder den Beweis erbrachten, dass mittels Visurlinien entweder weitere Schalen oder Megalithe entdeckt wurden, lag die Vermutung nahe, dass im Bereich des Visurenschnittpunktes ein weiterer archäologischer Anhaltspunkt bestehen könnte wie z.B. eine Schale. Ca. 25 cm unter der Oberfläche konnte der Fels freigelegt werden. Direkt auf der Felsoberfläche, und zwar genau unter dem Visurenschnittpunkt, lag als einziger Fundgegenstand ein grosses Stück von gebranntem Ocker. Das Stück besitzt die Form eines gleichschenkligen Dreieckes bei einer Dicke von 1½ cm (Abb. 47). Der Winkel zwischen den beiden gleich langen Schenkeln wies nach Norden. Es darf davon ausgegangen werden, dass das Ockerstück bewusst an diesem Schnittpunkt niedergelegt wurde, um die drei bzw. vier kultastronomischen Peilrichtungen zu markieren. Ob seinerzeit über dem Ocker ein kleiner Menhir aufgerichtet wurde, kann nurmehr vermutet werden.

Die Verwendung von gebranntem Ocker in der Megalithanlage von Falera erhält somit eine weitere, sehr schöne Bestätigung.

Dass Keramikstücke für die Bezeichnung wichtiger Punkte oder als vorgängige Markierung für Megalithbauten ausgelegt wurden, ist z.B. von der Heidenmauer auf dem Odilienberg im Elsass bekannt. Dort wurden bronzezeitliche Keramikscherben ausgelegt, über welchen dann die Mauer errichtet wurde.

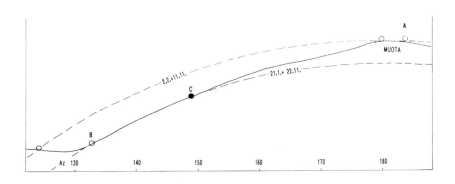

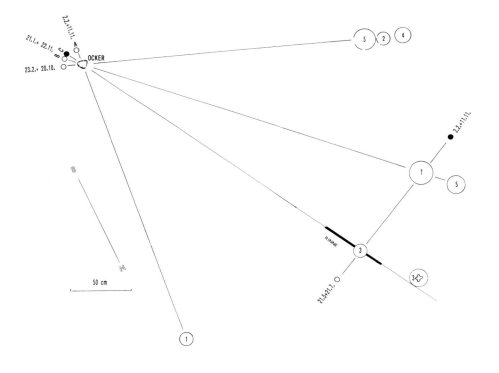

Abb. 46   Schalenfels Süd auf Planezzas Ost, Schalenbild und Nah-horizont an der Muota

101

Die Horizontskizze der Muota zeigt mit den Sonnenständen B und C, dass zwei Schalensteinvisuren den Aufgang und den Untergang für den 21. Januar und 22. November, d. h. je 1 Monat vor und nach der Wintersonnenwende, anpeilen. Eine weitere Visur geht gegen Süden zur höchsten Kuppe der Muota, wo die Sonne am 2. Februar und 11. November genau im Süden steht, somit eine analoge Peilung wie über den Kimmenstein Menhir 26. Die Visur durch die drei Schalen weist zum Sonnenaufgang am Fernhorizont um den 23. Februar und 20. Oktober, d. h. rund 2 Monate vor und nach der Wintersonnenwende. Durch zwei Schalen werden ferner die Azimute des Hauptalignements, d. h. zum Sonnenaufgang am 21. Mai und 21. Juli bzw. zum Sonnenuntergang um den 2. Februar und 11. November wiederholt.

Weitere bearbeitete Steine im Nahbereich von Planezzas

Der Vollständigkeit halber möchten wir an dieser Stelle auf einige weitere Steine mit anthropogenen Bearbeitungen im Nahbereich von Planezzas hinweisen (Detailbeschreibungen Bde I und V/VI).

Der Kreuzstein

Rechts vom Friedhoftor befindet sich ein tafelförmiger Verrucanoblock mit einer kreuzförmigen Inzisur, die an den Balkenenden schalenartige Vertiefungen aufweist. Der Längsbalken des Hauptkreuzes weist zum Sonnenaufgang an den Tagundnachtgleichen, der Längsbalken des Nebenkreuzes zum Monduntergang im südlichen Extrem am Piz Mundaun.

Der Mondpfeilmenhir

Im Westteil von Planezzas befindet sich auf einer leicht gegen Süden ansteigenden Felsplatte eine interessante Inzisur von 60 cm

Länge. Dargestellt ist ein Pfeil, der auf einem gespannten Bogen liegt und statt einer Spitze eine mondförmige Schale trägt. Mit Azimut 155° und Höhe 16° peilt dieser Pfeil jene Stelle des Himmels an, wo am 25.12.1089 AC eine ringförmige Sonnenfinsternis stattfand. Vom Standort Falera aus bot die Sonne zur Zeit ihrer grössten Bedeckung durch den Neumond das Bild einer gleissenden, mondförmigen Sichel.

Der Sonnenstein

Auf der Südwestseite der Muota befindet sich eine Verrucanoplatte, die so unterlegt wurde, dass die Hauptfläche 64° aufweist und West-Ost streicht. Sie trägt einen Kreis-Rillenschliff von 120 cm Durchmesser mit einem 2 cm tiefen Zirkelloch sowie zwei Kerben und eine kleine Schale im NW-Quadranten. Wird ein Stab, dessen Länge vom tiefsten bis zum höchsten Punkt des Kreises reicht, lotrecht direkt vor dem Stein aufgestellt, fällt das obere Ende seines Schattenbandes zur Zeit des Sommersolstitiums bei höchstem Sonnenstand am Mittag in das Zirkelloch. Zur Zeit der Wintersonnenwende trifft der Schatten des gleichen Stabes in die kleine Schale, jedoch 2 Stunden vor Erreichen des Zenitstandes der Sonne und koinzidiert mit den Werten der Sonnenfinsternis des Jahres 1089 AC. Setzt man den Stab senkrecht zur Platte in das Zirkelloch, weist er einen Winkel von 26° zur Horizontalen auf. 26° entsprechen genau der Kulmination des Sonnenbogens um den 2. Februar und 11. November, d. h. der Stab wirft zur Zeit dieser wesentlichen Kalenderdaten keinen Schatten.

Der Felskopf bei Pt. 1228.8

Am Westrand von Plaun dil Luf sind auf einem vom Gletscher überschliffenen Verrucanofelsen auf einer gegen SW geneigten Platte eine Schale und zwei Rillenschliffe eingetieft, die vier Peilrichtungen erlauben: zwei weisen zum Sonnenuntergangspunkt während des Wintersolstitiums, die eine bezogen auf Horizont 0°, die zweite für den Ortshorizont. Der längere der beiden Rillenschliffe bildet die Peilrichtung für den Monduntergang im südlichen Extrem, der kürzere weist zum Sonnenaufgangspunkt am Piz Riein zur Zeit der Wintersonnenwende.

Der lachende Megalithiker

1984 entdeckte Ignaz Cathomen, Falera, am Nordwestaufstieg zur Muota einen anthropogen bearbeiteten Felsblock aus Ilanzer Verrucano. Die bis 1 cm tief eingeritzte Darstellung zeigt ein freundliches menschliches Antlitz mit einer Corona. Deutlich hervorgehoben ist die Schulterpartie mit einer Lanzenspitze oder Scheibennadel. Zwei Rillenlinien fassen die Figur ein. Die Gesteinsfläche streicht SW-NE und fällt mit 28° gegen NW ein. Über eine kleine Felspyramide am Lokalhorizont visiert die Darstellung zum Sonnenaufgangspunkt um den 2.2. und 11.11., d. h. der Megalithiker mit seiner strahlenden Corona begrüsst die Sonne bei ihrem Aufgang zu Beginn und Ende des Bauernwinters.

Sankt Remigius

(Abb. 48)

Das Wahrzeichen von Falera, die alte Kirche Sogn Rumetg, wurde auf der Westseite der Muota an weithin sichtbarer Stelle hoch über dem Vorderrheintal erbaut. Harmonisch ergänzte sie vor dem touristischen Aufschwung das Bild des alten Dorfes, von dem eine schattenspendende Allee heraufführt, und dominant behauptet sie ihren Platz mitten unter den prähistorischen Steinsetzungen, die die Muota mit der bronzezeitlichen Siedlung umrunden.

Im Tellotestament (765) wird erstmals ein Priester zu Falarie erwähnt. Der Bau einer zu einem solchen Amt gehörigen ersten Kirche darf im 8. Jh. vermutet werden. Die heutige Kirche mit ihrem trutzigen, spätromanischen Turm aus dem 13. Jh. wurde 1491 konsekriert.

Die auffällige und ungewöhnliche Umfriedung des Kirchenareals in Form eines mächtigen Schiffes will wohl daran gemahnen, dass wir alle uns gleichsam auf einer Fahrt über die Wogen der Zeit hinweg befinden und neue Ufer anzusteuern haben. Durch ein Rundbogenportal steigt man in den der Kirche vorgelagerten und in die Ummauerung miteinbezogenen Friedhof hinauf und bleibt überrascht stehen. Hochauf ragen die prächtigen handgeschmiedeten Grabkreuze auf dieser herrlichen Aussichtsterrasse. Man scheint dem Himmel hier näher zu sein als andernorts.

Die Kirche selbst wurde letztmals in den Jahren 1976–1982 in vorbildlicher Weise restauriert. Ein gut fundierter, illustrierter Kunstführer gibt Einblick in ferne Zeiten und lässt uns bewusst werden, dass wir hier auf einer bedeutenden Kulturstätte stehen.

Nimmt man sich die Zeit, das Kircheninnere zu betrachten, bleibt das Auge schliesslich auf dem Gemälde des Hauptaltarbildes haften. Dargestellt ist die Szene, wie der heilige Remigius den bekehrten merowingischen Frankenkönig Chlodwig tauft. Links oben erscheint die vom Himmel gesandte Taube mit dem Salböl, dem Chrysam, im Schnabel, und im Hintergrund gewahren wir in bescheidener Haltung Klothilde, die Königin. Also geschehen am Weihnachtstag des Jahres 496. St. Remigius, St-Rémy, wie kommt dieser grosse französische Heilige ausgerechnet nach Falera? Dem grossen Buch der Heiligen entnehmen wir:

«1. Oktober. Der hl. Remigius hat Chlodwig, den ersten König der Franken, getauft und damit die Franken dem Christentum zugeführt und ihnen den Weg zu ihrer späteren Bedeutung für das Abendland erschlossen. Mit der Taufe des Heiden Chlodwig geschah der grosse Wendepunkt in der Geschichte Europas, nämlich die Entstehung des «Allerchristlichsten Königtum Frankreich»: ein Heiliger also wiederum als Werkzeug Gottes.
Dieser durch Wunderkraft, Wissen und Weisheit ausgezeichnete Gottesmann war von 459–533 Bischof von Reims... Der hl. Remigius ist um 437, mitten in der unruhigen Völkerwanderungszeit, in Laon geboren; er stammte aus einer gallo-römischen Familie edler Herkunft. Als er im Jahre 459 den Bischofsstuhl von Reims bestieg, hatten die heidnischen Franken die Herrschaft im Lande an sich gerissen, und christlicher Glaube und christliche Gesittung waren stark bedroht. Unermüdlich wirkte der Bischof für die Ausbreitung und Reinerhaltung der Lehre. Er trat als glänzender Redner gegen Heiden und Arianer auf. Viele Wunder und sein vorbildliches Leben liessen seine Worte glaubhaft erscheinen. Gross war die Macht seiner Persönlichkeit, mit der er schliesslich den Frankenkönig selbst bezwang.
Remigius rastete auch nach der Bekehrung der Franken nicht. Als Berater des Königs, der ihm für seine Missionsarbeit königlichen Schutz gewährte und die Kirche durch grosszügige Schenkungen unterstützte, bekämpfte er den von den Burgundern und Goten ins Land gebrachten Arianismus und förderte die reine Glaubenslehre mit all seinen Kräften. Über 70 Jahre lang hatte er sein kirchliches Amt als Oberhirte ausgeübt, als er am 13. Januar 533 oder 535, fast 100jährig, in den Frieden Gottes einging.»

Die Legende weiss zu berichten, dass seine starke Persönlichkeit prophetisch vorausgesagt wurde und dass nach seiner Geburt durch die Milch seiner Mutter Celina – die Himmlische – dem blinden Propheten das Augenlicht wiedergegeben wurde. Das für die Taufe des Frankenkönigs erforderliche Salböl wurde durch eine Taube direkt vom Himmel gebracht, und das Ölfläschchen, in dem es sich befand, diente bis zur Revolution zur Salbung der französischen Könige bei deren Krönung.

Wesentlich ist der Hinweis, dass der heilige Remigius den Anstoss zum Sieg des Christentums in Europa gab und dass er unermüdlich und unerschrocken gegen das Heidentum kämpfte. In St-Germain-des-Prés in Paris befindet sich eine Statue des Heiligen mit einem Ungeheuer zu Füssen, das einen Menschenkopf trägt und das vom Heiligen überwundene Heidentum symbolisiert. Hier finden wir den Schlüssel zur möglichen Erklärung der Einsetzung gerade dieses Heiligen in Falera. Sein legendärer Ruf und seine Wundertaten wurden von den frühen Missionaren durch ganz Europa getragen. Wo immer sich vorchristliche, starke Kultplätze, Haine und Heiligtümer befanden, an denen vor der Verkündigung des Evangeliums heidnischer Glaube und Kult praktiziert wurde, bedurfte es besonders starker Heiliger, wie z.B. eines St. Michael, St. Georg oder eben St. Remigius, um der Stätte den Stempel des neuen Glaubens tief und nachhaltig aufzuprägen.

In der vorliegenden Schrift wurde aufgezeigt, dass hier in Falera zur Bronzezeit ein stark astronomisch ausgerichtetes Zentrum bestanden haben muss. Die Strate mit eisenzeitlichen Funden auf der Muota darf als Hinweis gelten, dass auch in der Eisenzeit diesem Platz eine entsprechende Bedeutung zukam.

Der Wandel eines Lebensstils, dem der ursprüngliche und vielgestaltige Götterglaube zugrunde lag, der geprägt war durch die Ausrichtung auf die Gestirne, die in Religion und Brauchtum die zentrale Stelle einnahmen, über den sol invictus, den Sonnengott der römischen Kaiserzeit, hin zum geistigen Licht der christlichen Ära, die in Jesu Geburt die Geburt der Sonne der Gerechtigkeit am 25. Dezember feiert und damit das alte Wintersonnenwendefest ablöste, bedurfte mächtiger Heiliger. Wen wundert es noch, dass St. Remigius selbst zwischen den prähistorischen Steinreihen und -kreisen Einzug hielt.

Ulrich Paul Büchi zum Gedenken

14. Mai 1921 bis 12. Januar 1990

Ulrich Paul Büchi wurde in St. Gallen geboren, wo er das Gymnasium mit der Maturität B abschloss. Früh entwickelte er ein grosses naturwissenschaftliches Interesse. Er studierte an der Universität und ETH Zürich und promovierte 1949 zum Doktor der Geologie. Während 35 Jahren begleitete er die schweizerische Erdölforschung als wissenschaftlicher Berater und war als Inhaber eines selbständigen Begutachtungsbüros mit allen Gebieten der Erdwissenschaften bestens vertraut.

Vor gut 20 Jahren weckten die Reste der vorgeschichtlichen Kulturen in der Surselva seine Aufmerksamkeit. Er erkannte bald die Fülle weiterer steinerner Zeugen, die für die prähistorische Bevölkerung von existentieller Bedeutung waren. Stets begleitet von seiner Frau widmete er seine ganze Freizeit der Megalithforschung und machte die Resultate in einer Reihe von Schriften der breiten Öffentlichkeit zugänglich. Dank seiner beruflichen Erfahrung besass er die Voraussetzung und den kritischen Blick für die Unterscheidung zwischen anthropogenen Bearbeitungen und natürlichen Einwirkungsformen an Gesteinen. Sein ganzes Streben und Wirken war darauf ausgerichtet, die Unterschutzstellung dieses wertvollen Kulturgutes zu realisieren.

Am 12. Januar 1990 wurde der Initiant und Träger der Megalithforschung in der Surselva unerwartet mitten aus seiner Arbeit abberufen.

Erika Nora Amberg zum Gedenken

27. März 1961 bis 16. Januar 1990

Erika Nora Amberg besuchte an ihrem Wohnort Sargans SG die Schulen und schloss 1980 das Gymnasium mit der Maturität B ab. Anschliessend studierte sie an der ETH Zürich und erlangte 1984 das Diplom als Kultur- und Vermessungsingenieurin mit Auszeichnung. Während ihrer Studienzeit absolvierte Frau Amberg an der University of Saskatchewan (Kanada) ein dreimonatiges Praktikum. Nach ihrem Diplom arbeitete sie in einem Vermessungsbüro und bei der schweizerischen Landestopographie und erwarb das eidgenössische Geometerpatent. Ihr Können vervollkommnete Frau Amberg anschliessend bei Professor Trüb an der ETH Zürich, wo sie während zwei Jahren als Assistentin arbeitete.

Im Herbst 1989 führte Frau Amberg die exakte Vermessung der Megalithanlage auf Planezzas/Falera durch. Dieser Plan wurde der vorliegenden Arbeit zugrunde gelegt.

Die hoffnungsvolle und tüchtige junge Frau beabsichtigte, im März 1990 in das väterliche Ingenieurbüro einzutreten. Sie befand sich auf einer Ferienreise in Neuseeland, als sie am 16. Januar 1990 bei einem Verkehrsunfall ihr junges Leben verlor.

TABELLE ZUM SONNENLAUF   Dekl. = Deklination, Azimuth des Sonnenaufganges 1100 v. Chr.   N. Br. 46,8°

Datum	Dekl. heute	Dekl. 1100 v.Chr.	Azimuth H.Null	Bogen O-S-W	Datum	Dekl. heute	Dekl. 1100 v.Chr	Azimuth H.Null	Bogen O-S-W
1. Januar	-23,1°	-23,5°	124,8°	110,3°	1. Februar	-17,3	-17,6	115,5	129,0
2.	-23,0	-23,4	124,7	110,6	2.	-17,0	-17,3	115,0	129,9
3.	-22,9	-23,3	124,5	111,0	3.	-16,7	-17,0	114,6	130,8
4.	-22,8	-23,2	124,3	111,3	4.	-16,4	-16,7	114,1	131,8
5.	-22,7	-23,1	124,2	111,6	5.	-16,1	-16,4	113,7	132,7
6.	-22,6	-23,0	124,0	111,9	6.	-15,8	-16,1	113,2	133,6
7.	-22,5	-22,9	123,9	112,3	7.	-15,5	-15,8	112,7	134,5
8.	-22,4	-22,8	123,7	112,5	8.	-15,2	-15,5	112,3	135,4
9.	-22,2	-22,6	123,4	113,2	9.	-14,9	-15,1	111,7	136,6
10.	-22,1	-22,5	123,2	113,6	10.	-14,5	-14,7	111,0	137,85
11. Januar	-21,9	-22,3	122,9	114,2	11. Februar	-14,2	-14,4	110,6	138,8
12.	-21,8	-22,2	122,6	114,8	12.	-13,9	-14,2	110,3	139,4
13.	-21,6	-21,9	122,3	115,4	13.	-13,6	-13,8	109,7	140,6
14.	-21,4	-21,7	121,9	116,2	14.	-13,2	-13,4	109,1	141,8
15.	-21,2	-21,5	121,6	116,8	15.	-12,9	-13,1	108,7	142,6
16.	-21,0	-21,3	121,3	117,4	16.	-12,5	-12,7	108,1	143,9
17.	-20,8	-21,1	121,0	118,0	17.	-12,2	-12,4	107,6	144,8
18.	-20,6	-20,9	120,7	118,7	18.	-11,8	-12,0	107,0	146,0
19.	-20,4	-20,7	120,3	119,3	19.	-11,5	-11,7	106,6	146,9
20.	-20,2	-20,5	120,0	119,9	20.	-11,1	-11,3	106,0	148,1
21. Januar	-20,0	-20,3	119,7	120,6	21. Februar	-10,8	-11,0	105,5	149,0
22.	-19,8	-20,1	119,4	121,2	22.	-10,4	-10,6	104,9	150,1
23.	-19,6	-19,9	119,1	121,8	23.	-10,1	-10,3	104,5	151,0
24.	-19,4	-19,7	118,8	122,5	24.	- 9,7	- 9,9	103,9	152,2
25.	-19,1	-19,4	118,3	123,4	25.	- 9,3	- 9,5	103,3	153,4
26.	-18,9	-19,2	118,0	124,0	26.	- 8,9	- 9,0	102,6	154,9
27.	-18,6	-18,9	117,5	125,0	27.	- 8,6	- 8,7	102,1	155,8
28.	-18,3	-18,6	117,0	125,9	28.	- 8,2	⊦ 8,3	101,5	157,0
29.	-18,1	-18,4	116,7	126,5					
30.	-17,8	-18,1	116,3	127,4					
31.	-17,6	-17,9	116,0	128,1					

Datum				
1. März	− 7,8°	− 7,9°	100,9°	158,3°
2.	− 7,4	− 7,5	100,3	159,3
3.	− 7,1	− 7,2	99,9	160,2
4.	− 6,7	− 6,8	99,3	161,4
5.	− 6,3	− 6,3	98,6	162,8
6.	− 5,9	− 6,0	98,1	163,7
7.	− 5,5	− 5,6	97,6	164,9
8.	− 5,1	− 5,2	97,0	166,1
9.	− 4,7	− 4,8	96,4	167,2
10.	− 4,3	− 4,4	95,8	168,4
11. März	− 3,9	− 4,0	95,2	169,6
12.	− 3,5	− 3,6	94,6	170,8
13.	− 3,1	− 3,2	94,0	171,9
14.	− 2,7	− 2,7	93,3	173,3
15.	− 2,4	− 2,4	92,8	174,3
16.	− 2,0	− 2,0	92,3	174,4
17.	− 1,6	− 1,6	91,7	176,6
18.	− 1,2	− 1,2	91,1	177,8
19.	− 0,8	− 0,8	90,5	178,9
20.	− 0,4	− 0,4	90,0	180,0
21. März	0,0	0,0	89,4	181,3
22.	+ 0,4	+ 0,4	88,8	182,4
23.	+ 0,8	+ 0,8	88,2	183,6
24.	+ 1,2	+ 1,2	87,6	184,8
25.	+ 1,6	+ 1,6	87,0	186,0
26.	+ 2,0	+ 2,0	86,4	187,1
27.	+ 2,4	+ 2,4	85,6	188,3
28.	+ 2,8	+ 2,8	85,3	189,5
29.	+ 3,2	+ 3,2	84,7	190,6
30.	+ 3,6	+ 3,7	83,9	192,1
31.	+ 4,0	+ 4,1	83,4	193,3

Datum				
1. April	+ 4,4°	+ 4,5°	82,8°	194,4°
2.	+ 4,8	+ 4,9	82,2	195,6
3.	+ 5,1	+ 5,2	81,7	196,5
4.	+ 5,5	+ 5,6	81,2	197,7
5.	+ 5,9	+ 6,0	80,6	198,9
6.	+ 6,3	+ 6,4	80,0	200,0
7.	+ 6,6	+ 6,7	79,5	200,9
8.	+ 7,0	+ 7,1	78,9	202,1
9.	+ 7,4	+ 7,5	78,4	203,3
10.	+ 7,8	+ 7,9	77,8	204,5
11. April	+ 8,1	+ 8,2	77,3	205,4
12.	+ 8,5	+ 8,6	76,7	206,5
13.	+ 8,9	+ 9,0	76,1	207,7
14.	+ 9,3	+ 9,4	75,5	208,9
15.	+ 9,6	+ 9,8	74,9	210,1
16.	+10,0	+10,2	74,2	211,3
17.	+10,3	+10,5	73,9	212,2
18.	+10,7	+10,9	73,3	213,4
19.	+11,0	+11,2	72,8	214,3
20.	+11,4	+11,6	72,2	215,5
21. April	+11,7	+11,9	71,8	216,4
22.	+12,1	+12,2	71,0	217,9
23.	+12,4	+12,6	70,7	218,5
24.	+12,8	+13,0	70,1	219,7
25.	+13,1	+13,3	69,6	220,6
26.	+13,4	+13,6	69,2	221,5
27.	+13,7	+13,9	68,7	222,5
28.	+14,0	+14,2	68,3	223,4
29.	+14,3	+14,5	67,9	224,3
30.	+14,6	+14,8	67,4	225,2

von G. G. Coray

Datum	Dekl. heute	Dekl. 1100 v.Chr.	Azimuth H.Null	Bogen O-S-W	Datum	Dekl. heute	Dekl. 1100 v.Chr.	Azimuth H.Null	Bogen O-S-W
1. Mai	+14,9°	+15,1°	66,9°	226,1°	1. Juni	+22,0°	+22,4°	55,4°	249,2°
2.	+15,2	+15,4	66,5	227,0	2.	+22,1	+22,5	55,2	249,5
3.	+15,5	+15,7	66,0	228,0	3.	+22,3	+22,7	54,9	250,2
4.	+15,8	+16,0	65,6	228,9	4.	+22,4	+22,8	54,7	250,5
5.	+16,1	+16,4	64,9	230,1	5.	+22,5	+22,9	54,6	250,8
6.	+16,4	+16,7	64,5	231,1	6.	+22,6	+23,0	54,4	251,2
7.	+16,7	+17,0	64,0	232,0	7.	+22,7	+23,1	54,2	251,5
8.	+17,0	+17,2	63,7	232,7	8.	+22,8	+23,2	54,1	251,8
9.	+17,2	+17,5	63,2	233,5	9.	+22,9	+23,3	53,9	252,2
10.	+17,5	+17,8	62,8	234,5	10.	+23,0	+23,4	53,7	252,5
11. Mai	+17,3	+18,1	62,3	235,4	11. Juni	+23,0	+23,4	53,7	252,5
12.	+18,1	+18,4	61,8	236,4	12.	+23,1	+23,5	53,6	252,7
13.	+18,3	+18,6	61,5	237,0	13.	+23,1	+23,5	53,6	252,7
14.	+18,6	+18,9	61,0	237,9	14.	+23,2	+23,6	53,4	253,1
15.	+18,8	+19,1	60,7	238,6	15.	+23,3	+23,7	53,3	253,5
16.	+19,0	+19,3	60,4	239,2	16.	+23,3	+23,7	53,3	253,5
17.	+19,2	+19,5	60,0	239,8	17.	+23,4	+23,8	53,1	253,8
18.	+19,5	+19,8	59,6	240,8	18.	+23,4	+23,8	53,1	253,8
19.	+19,7	+20,0	59,3	241,4	19.	+23,4	+23,8	53,1	253,8
20.	+19,9	+20,2	58,7	242,1	20.	+23,5	+23,9	53,0	254,0
21. Mai	+20,1	+20,4	58,6	242,7	21. Juni	+23,5	+23°50'38"	53,00	253,98
22.	+20,3	+20,6	58,3	243,4	22.	+23,5	+23,9	53,0	254,0
23.	+20,5	+20,8	58,0	244,0	23.	+23,4	+23,8	53,1	253,8
24.	+20,7	+21,0	57,7	244,6	24.	+23,4	+23,8	53,1	253,8
25.	+20,9	+21,2	57,4	245,3	25.	+23,4	+23,8	53,1	253,8
26.	+21,1	+21,4	57,0	245,9	26.	+23,4	+23,8	53,2	253,6
27.	+21,2	+21,5	56,8	246,2	27.	+23,3	+23,7	53,3	253,5
28.	+21,4	+21,7	56,5	246,9	28.	+23,3	+23,7	53,3	253,5
29.	+21,5	+21,9	56,2	247,6	29.	+23,2	+23,6	53,4	253,1
30.	+21,7	+22,1	55,9	248,2	30.	+23,2	+23,6	53,4	253,1
31.	+21,8	+22,2	55,7	248,6					

Datum					Datum				
1. Juli	+23,1°	+23,5°	53,6°	252,7°	1. August	+18,2	+18,5	61,7°	236,6°
2.	+23,1	+23,5	53,6	252,7	2.	+18,0	+18,3	62,0	236,0
3.	+23,0	+23,4	53,7	252,7.	3.	+17,7	+18,0	62,4	235,0
4.	+22,9	+23,3	53,9	252,2	4.	+17,4	+17,7	62,9	234,1
5.	+22,8	+23,2	54,1	251,8	5.	+17,1	+17,4	63,4	233,2
6.	+22,7	+23,1	54,2	251,5	6.	+16,9	+17,2	63,7	232,7
7.	+22,6	+23,0	54,4	251,2	7.	+16,6	+16,9	64,1	231,8
8.	+22,5	+22,9	54,6	250,8	8.	+16,3	+16,6	64,6	230,7
9.	+22,4	+22,8	54,7	250,5	9.	+16,0	+16,3	65,1	229,8
10.	+22,3	+22,7	54,9	250,2	10.	+15,7	+16,0	65,0	228,9
11. Juli	+22,2	+22,6	55,1	249,7	11. August	+15,4	+15,7	66,0	228,0
12.	+22,1	+22,5	55,2	249,5	12.	+15,1	+15,4	66,5	227,0
13.	+22,0	+22,4	55,4	249,2	13.	+14,8	+15,0	67,1	225,8
14.	+21,8	+22,2	55,7	248,6	14.	+14,5	+14,7	67,6	224,9
15.	+21,7	+22,0	56,0	248,0	15.	+14,2	+14,4	68,0	224,0
16.	+21,5	+21,9	56,2	247,6	16.	+13,9	+14,1	68,5	223,1
17.	+21,4	+21,7	56,5	246,9	17.	+13,6	+13,8	68,9	222,2
18.	+21,2	+21,5	56,8	246,2	18.	+13,3	+13,5	69,4	221,2
19.	+21,0	+21,3	57,2	245,6	19.	+13,0	+13,2	69,8	220,4
20.	+20,8	+21,1	57,6	244,8	20.	+12,7	+12,9	70,3	219,4
21. Juli	+20,6	+20,9	57,8	244,4	21. August	+12,3	+12,5	70,9	218,2
22.	+20,4	+20,7	58,3	243,6	22.	+12,0	+12,2	71,0	217,9
23.	+20,2	+20,5	58,5	243,0	23.	+11,6	+11,8	71,9	216,0
24.	+20,0	+20,3	58,6	242,6	24.	+11,3	+11,5	72,4	215,2
25.	+19,8	+20,1	59,1	241,8	25.	+10,9	+11,1	73,0	214,0
26.	+19,6	+19,9	59,4	241,1	26.	+10,6	+10,8	73,4	213,1
27.	+19,4	+19,7	59,7	240,5	27.	+10,3	+10,5	73,9	212,2
28.	+19,1	+19,4	60,2	239,5	28.	+10,0	+10,2	74,3	211,3
29.	+18,9	+19,2	60,6	238,9	29.	+ 9,6	+ 9,8	74,9	210,1
30.	+18,7	+19,0	60,9	238,3	30.	+ 9,2	+ 9,4	75,5	208,9
31.	+18,5	+18,7	61,3	237,3	31.	+ 8,8	+ 9,0	76,1	207,7

Datum	Dekl. heute	Dekl. 1100. v.Chr.	Azimuth H.Null	Bogen O-S-W	Datum	Dekl. heute	Dekl. 1100. v.Chr.	Azimuth H.Null	Bogen O-S-W
1. Sept.	+ 8,5°	+ 8,6°	76,7°	206,5°	1. Okt.	− 3,0	− 3,0	93,7	172,5
2.	+ 8,1	+ 8,2	77,3	205,4	2.	− 3,4	− 3,5	94,5	171,0
3.	+ 7,8	+ 7,9	77,8	204,5	3.	− 3,8	− 3,9	95,1	169,9
4.	+ 7,4	+ 7,5	78,4	203,3	4.	− 4,2	− 4,3	95,6	168,7
5.	+ 7,0	+ 7,1	78,9	202,1	5.	− 4,6	− 4,7	96,2	167,6
6.	+ 6,6	+ 6,7	79,5	200,9	6.	− 5,0	− 5,1	96,8	166,4
7.	+ 6,3	+ 6,4	80,0	200,0	7.	− 5,4	− 5,5	97,4	165,2
8.	+ 5,9	+ 6,0	80,6	198,9	8.	− 5,7	− 5,8	97,8	164,3
9.	+ 5,5	+ 5,6	81,2	197,7	9.	− 6,1	− 6,2	98,4	163,1
10.	+ 5,1	+ 5,2	81,7	196,5	10.	− 6,5	− 6,6	99,0	162,0
11. Sept.	+ 4,8	+ 4,9	82,2	195,6	11. Okt.	− 6,9	− 7,0	99,6	160,8
12.	+ 4,4	+ 4,5	82,8	194,4	12.	− 7,2	− 7,3	100,0	160,0
13.	+ 4,0	+ 4,1	83,4	193,3	13.	− 7,6	− 7,7	100,6	158,7
14.	+ 3,6	+ 3,7	83,9	192,1	14.	− 8,0	− 8,1	101,2	157,5
15.	+ 3,3	+ 3,3	84,5	190,9	15.	− 8,4	− 8,5	101,8	156,4
16.	+ 2,9	+ 2,9	85,1	189,8	16.	− 8,7	− 8,8	102,3	155,5
17.	+ 2,5	+ 2,5	85,7	188,6	17.	− 9,1	− 9,2	102,9	154,3
18.	+ 2,1	+ 2,1	86,2	187,5	18.	− 9,5	− 9,6	103,4	153,1
19.	+ 1,7	+ 1,7	86,9	186,2	19.	− 9,9	−10,0	104,0	151,9
20.	+ 1,3	+ 1,3	87,5	185,1	20.	−10,2	−10,4	104,6	150,7
21. Sept.	+ 0,9	+ 0,9	88,0	183,9	21. Okt.	−10,6	−10,8	105,2	149,6
22.	+ 0,5	+ 0,5	88,6	182,7	22.	−10,9	−11,1	105,7	148,7
23.	0,0	0,0	89,4	181,3	23.	−11,3	−11,5	106,3	147,5
24.	− 0,3	− 0,3	89,8	180,4	24.	−11,6	−11,8	106,7	146,5
25.	− 0,7	− 0,7	90,4	179,2	25.	−12,0	−12,2	107,3	145,4
26.	− 1,1	− 1,1	90,9	178,8	26.	−12,3	−12,5	107,8	144,5
27.	− 1,4	− 1,4	91,4	177,2	27.	−12,7	−12,9	108,4	143,3
28.	− 1,8	− 1,8	92,0	176,0	28.	−13,0	−13,2	108,8	142,4
29.	− 2,2	− 2,2	92,6	174,9	29.	−13,4	−13,6	109,4	141,2
30.	− 2,6	− 2,6	93,2	173,7	30.	−13,7	−13,9	109,7	140,3
					31.	−14,0	−14,2	110,3	139,4

Datum					Datum				
1. Nov.	−14,3°	−14,5°	110,8	138,5	1. Dez.	−21,8	−22,2	122,6	114,8
2.	−14,6	−14,8	111,2	137,5	2.	−21,9	−22,3	122,9	114,2
3.	−14,9	−15,2	111,8	136,3	3.	−22,0	−22,4	123,1	113,9
4.	−15,2	−15,5	112,3	135,4	4.	−22,1	−22,5	123,2	113,6
5.	−15,5	−15,8	112,7	134,5	5.	−22,3	−22,7	123,6	112,7
6.	−15,8	−16,1	113,2	133,6	6.	−22,4	−22,8	123,7	112,5
7.	−16,1	−16,4	113,7	132,7	7.	−22,6	−23,0	124,0	112,0
8.	−16,4	−16,7	114,1	131,8	8.	−22,7	−23,1	124,2	111,6
9.	−16,7	−17,0	114,6	130,8	9.	−22,8	−23,2	124,3	111,3
10.	−17,0	−17,3	115,0	129,9	10.	−22,9	−23,3	124,5	111,0
11. Nov.	−17,3	−17,6	115,5	129,0	11. Dez.	−23,0	−23,4	124,7	110,6
12.	−17,6	−17,9	116,0	128,1	12.	−23,1	−23,5	124,8	110,3
13.	−17,8	−18,1	116,3	127,4	13.	−23,2	−23,6	125,0	110,0
14.	−18,1	−18,4	116,7	126,5	14.	−23,2	−23,6	125,0	110,0
15.	−18,4	−18,7	117,2	125,6	15.	−23,3	−23,7	125,2	109,7
16.	−18,7	−19,0	117,7	124,7	16.	−23,3	−23,7	125,2	109,7
17.	−18,9	−19,2	118,0	124,0	17.	−23,4	−23,8	125,3	109,3
18.	−19,2	−19,5	118,5	123,1	18.	−23,4	−23,8	125,3	109,3
19.	−19,4	−19,7	118,8	122,5	19.	−23,4	−23,8	125,3	109,3
20.	−19,6	−19,9	119,1	121,8	20.	−23,4	−23,8	125,3	109,3
21. Nov.	−19,8	−20,1	119,4	121,2	21. Dez.	−23,5	−23,9	125,4	109,1
22.	−20,1	−20,4	119,9	120,3	22.	−23,5	−23,9	125,4	109,1
23.	−20,3	−20,6	120,2	119,6	23.	−23,5	−23,9	125,3	109,3
24.	−20,5	−20,8	120,5	119,0	24.	−23,5	−23,8	125,3	109,3
25.	−20,7	−21,0	120,8	118,4	25.	−23,4	−23,8	125,3	109,3
26.	−20,9	−21,2	121,1	117,7	26.	−23,4	−23,8	125,3	109,3
27.	−21,1	−21,4	121,5	117,1	27.	−23,4	−23,8	125,3	109,3
28.	−21,3	−21,6	121,8	116,4	28.	−23,3	−23,7	125,2	109,7
29.	−21,4	−21,7	121,9	116,1	29.	−23,3	−23,7	125,2	109,7
30.	−21,6	−21,9	122,3	115,4	30.	−23,2	−23,6	125,0	110,0
					31.	−23,2	−23,6	125,0	110,0

Referenzwerte (Dez.): −23°50′38″ · 125°24′25″ · 109°11′10″

Quellen

Büchi U. und G.: Die Megalithe der Surselva

In gleicher Aufmachung sind bis jetzt erschienen:
Band I: Muota Falera (1983).
    II: Lumnezia/Valsertal (1984).
   III: Foppa/Gruob, 1. Teil (1985).
   IV: Foppa/Gruob, 2. Teil (1986).
V/VI: Foppa/Gruob, 3. Teil, Cadi, 1. Teil (1987).
  VII: Der Menhir von Flims und die Sagen- und Schalensteine von
      Trin/Mulin (1988).

Bächtold H.R. (1969): Eine 3000jährige Sonnenuhr im Bündnerland. Die Tat, Zürich, 25.3.1969
Bleuer E. (1985): Das Geheimnis der Schalensteine. Biel in ur- und frühgeschichtlicher Zeit: Teil 1, Bieler Jahrbuch
Brézillon M. und Leroy-Gourhan A. (1969): Dictionnaire de la préhistoire. Librairie Larousse, Paris
Büchi U. und G. (1976): Die Steinsetzungen von Falera und deren Bedeutung für den Ilanzerraum. Vierteljahresschrift der Natf. Ges. Zürich, Jg. 121
Büchi U. und G. (1979): Die Bestimmung der Wintersonnenwende zur Bronzezeit im Raume von Laax und deren Überlieferung in Sagen und Brauchtum. Stampa Romontscha, Disentis/Mustér
Büchi U. und G. (1980): Die Altersdatierung des bronzezeitlichen Grabes von Laax. Bündner Zeitung, 15.2.1980
Büchi U. und G. (1980): Die Megalithzentren auf Pardi/Falera und Frundsberg/Ruschein. Stampa Romontscha, Disentis/Mustér
Büchi U. und G. (1981): Restonzas da pals ord il baul temps medieval en Rasadas da turba (Übersetzung aus dem Deutschen von Balzer Coray). Gasetta Romontscha, Mustér, ils 31 da mars 1981, Nr. 25
Büchi U. und G. (1982): Neue Altersdatierungen mittels Radiokarbonmethode aus dem Gebiet des prähistorischen Flimser Bergsturzes in den Gemeinden Laax und Sagogn. Bündnerwald Nr. 3/4
Büchli A. (1970): Mythologische Landeskunde von Graubünden. 2. Teil. Das Gebiet des Rheins von Badus bis zum Calanda. Verlag Sauerländer, Aarau
Burkart W. (1931 und 1936): Fundberichte JB der Schweiz. Ges. für Ur- und Frühgeschichte
Burkart W. (1935–1944): Diverse Berichte. Jahrbücher 27, 31, 32, 33, 34, 35 der Schweiz. Ges. für Urgeschichte. Verfasst von Karl Keller-Tarnuzzer, B. wissenschaftlicher Teil, Bronzezeit
Burkart W. (1945): Die bronzezeitliche Scheibennadel von Mutta bei Fellers. Bündnerisches Monatsblatt, Zeitschrift für Bündner Geschichte, Landes- und Volkskunde, Chur, Nr. 3. März 1945
Burkart W. (1946): Crestaulta. Eine bronzezeitliche Hügelsiedlung bei Surin im Lugnez. Monograpie zur Ur- und Frühgeschichte der Schweiz. Schweiz. Ges. für Ur- und Frühgeschichte
Burkart W. und Vogt E. (1944): Die bronzezeitliche Scheibennadel von Mutta bei Fellers GR. Zeitschrift für Schweizerische Archäologie und Kunstgeschichte

Caminada Chr. (1986): Die verzauberten Täler, die urgeschichtlichen Kulte und Bräuche im alten Rätien. Neuauflage Desertina Verlag, Disentis

Maurizio J. (1948): Die Steinsetzung von Mutta bei Fellers und ihre kultgeographische Bedeutung. Urschweiz Band XII

Melchers E., H. und C. (1978): Das grosse Buch der Heiligen. Buchclub Ex Libris, Zürich

Müller-Karpe H. (1980): Handbuch der Vorgeschichte, vierter Band, Bronzezeit. C. H. Beck'sche Verlagsbuchhandlung, München

Müller R. (1970): Der Himmel über dem Menschen der Steinzeit. Springer Verlag, Berlin/Heidelberg

Oberholzer J. (1933): Geologie der Glarner Alpen. Beitr. geol. Karte Schweiz (N. F.) 28

Poeschel E. (1942): Die Kunstdenkmäler des Kantons Graubünden, Bd. IV: Die Täler am Vorderrhein. 1. Teil: Das Gebiet von Tamins bis Somvix. Verlag Birkhäuser, Basel

Priuli A. (1983): Felszeichnungen in den Alpen. Benziger Verlag, Zürich/Köln

Röschmann J. (1961): Schalensteine. Offa, Bericht und Mitt. des Museums vorgeschichtlicher Altertümer in Kiel, Band 19

Schorta A. (1964): Rätisches Namenbuch, gegründet von Robert von Planta. Romanica Helvetica Vol. 63, Bd. 2, Ethymologien. Francke Verlag, Bern

Schorta A. und v. Planta R. (1939): Rätisches Namenbuch, Band 1. Zürich/Leipzig

SGUF (1968/1969/1971/1974): Band III, Die Bronzezeit, 1971. Band IV Die Eisenzeit, 1974

Stauffer-Isenring L., Büchi U. P., Büchi G., Hünermann K. (1986): Bronzezeitliche Begräbnisstätte an der Strasse von Laax nach Salums GR. Fundaziun Pro Laax. Stampa Romontscha, Condrau SA, Disentis

Tanner A. (1980): Das Latènegräberfeld von Trun-Darvella. Schriften des Seminars für Urgeschichte der Universität Bern, Heft 5

Voiret J. P. (1986): Megalithische Astronomie im archaischen China. Neue Zürcher Zeitung, 8.1.1986

Weigand H. (1987): Einsame Steine. Schillinger Verlag, Freiburg im Breisgau

Wyssling L. E. (1950): Zur Geologie der Vorabgruppe. Dissertation ETHZ, Buchdruckerei Feldegg AG, Zürich

Wyss R. (1986): Die Urseren-Zone-Lithostratigraphie und Tektonik. Sonderdruck aus Eclogae Geologicae Helvetiae, Vol. 79, Nr. 3

Zürcher A. (1974): Latènezeitliche Glasarmringe und Ringperlen aus Graubünden, BMB, 17–32

Zürcher A. C. (1982): Urgeschichtliche Fundstellen Graubündens. Schriftenreihe des Rätischen Museums, Chur, Nr. 27

Verzeichnis und Text zu den Abbildungen

Abb. 1   Sonnenaufgang am Taminser Calanda am 21. Juli 1989 über Menhir 1, Hauptalignement 62°/63°

Abb. 2   Torfmoor Paliu. Geologischer Profilschnitt im Nordwestteil, freigelegt anlässlich der Anlage des Sportplatzes

Abb. 3   Genereller schematischer Profilschnitt der Menhir-Fundationsgruben
Legende:
1 Humus
2 Moräne, Gehängeschutt ungestört, steinig, blockig
3 Verrucanofels, zerklüftet
4 Humus, gestört, meist kontinuierlicher Übergang in die liegenden Schichten
5 Schutt steinig, oft humos bis zum Lehmbett
6 Lehmbett siltig-tonig, unterschiedlich sandig, wenige kleine Steine
7 Keilsteine

Abb. 4   Menhir 1 vor seiner Aufrichtung. M. ca. 1:40

Abb. 5   Menhir 1, Fundationsgrube, Grundriss und Profilschnitt Kleine Kreuze = Holzkohle

Abb. 6   Menhir 1, Fundationsgrube. M. ca. 1:15

Abb. 7   Menhir 2, Fundationsgrube, Grundriss und Profilschnitt Legende: A = Glimmerschiefergerölle, B = Holzkohle und brandige Erde

Abb. 8   Menhir 2, Fundationsgrube, links 5 Glimmerschiefergerölle, in der Mitte Holzkohle auf Lehmbett

Abb. 9   Menhir 4, Fundationsgrube. M. ca. 1:15
Dunkle Flecken = grosse Ockerstücke

Abb. 10   Menhir 4, Fundationsgrube, Grundriss und Profilschnitt

Abb. 11   Menhir 7, Fundationsgrube. M. ca. 1:20

Abb. 12   Menhir 16, Fundationsgrube, Grundriss und Schnitt
Legende: A = Ocker, B = Quarzspitze, C = Grüngestein,
D = Keramik

Abb. 13   Menhir 17, Fundationsgrube, von Norden gesehen.
M. ca. 1:15, Dunkle Flecken = Holzkohle und Ocker
Zweiter Keilstein von links = rekonstruierte Lage in der Gruben-
wand

Abb. 14   Menhir 17, Fundationsgrube, Grundriss und Profilschnitt
K = Keilstein verstürzt (siehe Abb. 17), kleine Kreuze = Holzkohle

Abb. 15   Menhir 21, Fundationsgrube von Südosten gesehen.
M. ca. 1:20

Abb. 16   Menhir 25, Fundationsgrube, Profilschnitt
A = Glimmerschiefergeröll, B = Amphibolitgeröll

Abb. 17   Menhir 25, Fundationsgrube mit Trockenmauerwerk
Beim unteren Ende des Doppelmeters = Glimmerschiefergeröll
Rechts vom Nordpfeil feinkörniges Amphibolitgeröll im Lehmbett
eingepresst

Abb. 18   Menhire 26 und 27, Fundationsgrube. Gut sichtbar sind
die Stufe im Lehmbett und die Anschlagsteine für Menhir 26

Abb. 19   Ockerfunde mit Farbstrich. Grosses Stück A vom Scha-
lenfels Süd, kleine Stücke B + C aus Fundationsgrube Menhir 2

Abb. 20   Situationsplan, basierend auf der Vermessung 1989
(Frau E. Amberg)

Abb. 21   Windrose mit prozentualer Verteilung der Menhirlängs-
achsen (Frankreich, Südengland, Deutschland, Schweiz)

Abb. 22   Windrose mit prozentualer Verteilung der Alignementaus-
richtungen (Frankreich, Südengland, Deutschland, Schweiz)

Auf dem äussersten Kreis sind die Alignement-Visuren von Planez-
zas mit Korrekturwert für Horizont 0° aufgetragen

Abb. 23   Hauptalignement Az. 62°/63° mit Schnittpunkt Alignement Az. 31°/32° bei Menhir 4. Blick gegen Westsüdwest mit Kirche S. Rumetg. Im Hintergrund Kirche Ladir

Abb. 24   Menhir 5 des Hauptalignements, Blick gegen Ostnordost

Abb. 25   Alignement zum Sonnenaufgang an der Sommersonnenwende, Blick nach Westsüdwest

Abb. 26   Alignement zum Sonnenaufgang an der Sommersonnenwende, Blick gegen Ostnordost. Links im Bild Menhir 14

Abb. 27   Menhir 14 am Rande des trockengelegten Torfmoores

Abb. 28   Alignement zum Sonnenaufgang an den Tagundnachtgleichen

Abb. 29   Megalithanlage «Men-an-Tol» in Cornwall, Südengland

Abb. 30   Blöcke des fraglichen Langgrabes und Menhir 23 des Alignements zum Sonnenaufgang an den Tagundnachtgleichen, G = Granit, V = Verrucano, P = Puntegliasgranit, A = Amphibolit

Abb. 31   Situationsplan Ostteil mit Eintrag der Cromlechs (Steinringe)
Legende siehe Plan Abb. 20

Abb. 32   Alignement 31°/32° mit Blick zum Ringelspitz/Piz Bargias In der halbkreisförmigen Einsattelung an der Krete gegen Piz da Sterls/Tristelhorn ging der Stern Caph aus dem Sternbild Cassiopeia zu Beginn der jüngeren Bronzezeit auf

Abb. 33   Sonnenuntergang hinter Menhir 1 am 11.11.1988
(Foto G. G. Coray)

Abb. 34   Menhire 26 und 27 mit Visurrichtung nach Norden

Abb. 35   Menhir 26 mit den Schlagspuren zur Herstellung der Kimme. Blick gegen Süden zu Megalith 27

Abb. 36   Blick von Menhir 23 gegen Nordwesten auf die Menhire 20–22 und 25–27

Abb. 37   Blick von Nordosten auf die Menhire 25 + 26
Auf der rechten Bildhälfte Menhire 18–23
Im Hintergrund die bewaldete Kuppe der Muota

Abb. 38   Blick von Westen nach Planezzas Ost mit den Megalithen 20–22 und 25–27

Abb. 39   Menhir 16 mit Vulva-artigem Loch auf der gegen Südwesten gerichteten Seite («weiblicher» Menhir in Analogie zu Menhiren der Bretagne)

Abb. 40   Mondförmige Schale in Verrucanoblock westlich von Menhir 1

Abb. 41   Schalenstein aus Puntegliasgranit westlich von Menhir 1

Abb. 42   Fussspuren- oder Stierkopfstein
Legende:
A = Hufabdruck
B = Fussabdruck
C = südliches Auge, Rillengravur
D = nördliches Auge, Vertiefung
S – S = Spitzen des Gehörns oder der Mondsichel

Abb. 43   Schalenfels Nord auf Planezzas Ost

Abb. 44   Schalenfels Nord auf Planezzas Ost, Schalenbild und Nahhorizont an der Muota

Abb. 45   Schalenfels Süd auf Planezzas Ost mit Blick auf fragliches Langgrab und auf Menhir 24

Dank

An dieser Stelle möchten wir all jenen danken, die durch aktive Mitarbeit, Zurverfügungstellung von Unterlagen, Dokumenten und Beiträgen zur Finanzierung der Restaurierungsarbeiten usf. zum Gelingen des vorliegenden Bandes beigetragen haben. Dank gebührt auch den Gönnern, die durch Druckkostenbeiträge die Veröffentlichung der Bände I–VIII in der bisherigen farbig bebilderten Ausführung ermöglichten.

R. Aebi, Sennwald
B. Albin, Falera
H. Albin, Lenzburg
L. Ammon, D-Nürnberg
Dr. H. Altorfer, Jona
R. Amberg, Sargans
H. Andersen, Falera
Arena Alva, Flims
J. Arndts, Greifensee
Associaziun da Consum, Falera
J. Bär, Zürich
R. Bärtsch, Egg
Dr. U. Bärtschi, Winterthur
Dr. E. Basler & Partner AG, Zollikon
Dr. W. Bauer, Küsnacht
U. & H. Baumann, D-Freiburg
C. Baumberger, Feldmeilen
Dr. H. P. Baumgartner, Zug
R. Beck, Baden
T. & E. Bernhard, Falera
K. Bickel, Oberengstringen
E. Biehle, Wildegg
Dr. W. Bischofberger, Küsnacht
Bischöfliches Ordinariat, Chur
F. Bissig, Zürich
Dr. P. Bleiker, St. Gallen
E. J. Blobel, D-Velbert
U. Bloch, Nürensdorf-Breite
M. Blumenthal, Falera
R. Blumenthal, Falera
E. Bochsler, Oberweningen
E. Bodmer, Zürich
M. Bodmer, Zürich
Dr. Ph. Bodmer, Neuenkirch
R. Böhny, Zürich
Dr. M. & V. Bohren, Zürich
H. U. Bon, Oberrieden
Dr. Th. Bossart, Falera
D. Brägger, Weisslingen
Dr. A. Brandenberger, Wald
H. Braun, Schinznach Dorf
Dr. J. Bretscher, Winterthur
E. Brugger, Schlieren

P. Bruni, Oberweningen
Prof. Dr. U. V. Brunner, Küsnacht
H. Büchi, Dübendorf
Büchi & Müller AG, Chur & Frauenfeld
A. & E. Bühler, Zürich
E. Bühler, Küsnacht
L. Bühler, Uzwil
A. Büttler, Ermensee
F. Cabrin, Falera
Rgt. Dr. D. Cadruvi, Ilanz
H. Calörtscher, Ilanz
U. Camenzind, Egg
M. Candrian, Zürich
A. Capaul, Siebnen
C. Capaul, Falera
Dr. D. Capaul, Chur
Dr. G. Casaulta, Chur
D. & B. Caspescha, Schnaus
Casutt AG, Falera
G. Casutt, Wallisellen
G. G. Casutt, Falera
T. Casutt, Zollikon
Fam. Cathomen, Falera
I. Cathomen, Falera
L. Cathomen, Falera
L. & M. Cathomen, Falera
Pius Cathomen, Falera
Placi Cathomen, Falera
Ph. Cathomen, Falera
J.-L. Cornu, Menzingen
A. Darms, Flond
R. Dätwyler, Rorbas
Dr. O. Daubenfeld, Baden
G. Decurtins, Falera
H. Dehler, Rapperswil
G. G. Derungs, Chur
P. Dettmann, D-Hamburg
F. Egli, Allenwinden
U. Eichenberger, Küsnacht
G. Eitzer, Falera
M. R. Epprecht, Winterthur
M. Erzinger, Winterthur
EWBO/OES, Ilanz

Falera, Bürgergemeinde, Gemeinde und Verkehrsverein
Dr. W. K. Flachs, Langnau am Albis
Fehlmann AG, Bern
K. Fehr, Zürich
A. Fellinger, Zollikon
W. Friedauer, St. Margrethen
M. Fröhlich, St. Gallen
R. Fröhlich, Zürich
W. Fröhlich, Herrliberg
B. Gambaro, Zürich
A. Gerre, Falera
A. Graf, Wettingen
H. Graf, Weisslingen
R. Graf, Untersiggenthal
Dr. U. Graf, Winterthur
M. Grenzebach, Falera
P. Grünenfelder, Mörschwil
Prof. Dr. J. Gut, Wallisellen
G. & E. Guyer, Zumikon
O. Halter, Wallisellen
E. Hangartner, Laax
Dr. J. Hänny, Schernelz
Dr. G. Häuptli, Binningen
E. Heeb, Kreuzlingen
H. Herger, Ilanz
W. Hess, Effretikon
H. Heufer, D-Stuttgart/Silb.
Dr. H. & U. Hiller, St. Gallen
R. Hilpert, Oberrohrdorf
Dr. P. Hochstrasser, Zürich
M. Hofmann, Falera
V. Hoppe, D-Berlin
A. Huber, Zollikon
W. Hugentobler, Romanshorn
M. Hungerbühler, Weinfelden
M. Hürlimann, Zürich
E. & A. Hüsler, Steinhausen
M. Joensson, Uetikon am See
H. Joerin, Falera
H. G. Jöge, D-Remscheid
Fam. A. Jörger, D-Bonn
J. Jud, Zuzwil
Dr. K. Kälin, Einsiedeln
M. Käppeli, Wohlen
B. Keller, Winterthur
A. Killias, Laax
H. Kircher, St. Gallen
K. Kobler, Falera
G. Kotterba, D-Langenselbold
R. Kral, Falera
K. Krattiger, Amriswil

J. Krättli, Falera
E. Krieg, Falera
J. Kring, Falera
Dr. G. Kübler, Horgen
F. Kündig, Zürich
T. Küng, Falera
H. R. Küpper & S. Klausner, Falera
E. Kürsteiner, Zürich
Laax, Gemeinde und Fundaziun Pro Laax
Dr. P. H. Lahusen, Langnau a/A
W.-D. Lang, D-Göppingen-Bartenbach
Dr. J.-P. Lauper, Zürich
T. Leemann, Lichtensteig
Dr. U. Leuthard, Adliswil
A. Lüthi, Rothenhausen
J. Machmer, D-Wessling
O. Mayer, Bürglen
M. Meier, Falera
J. & H. Meili, Falera
A. Melchior, Uitikon Waldegg
H. J. Meyer, Dübendorf
P. Meyer & Co., Schaffhausen
Ch. Mijnssen, Falera
P. Mijnssen, Zürich
H. U. & B. Minder, Falera
B. Missbach, Widen
E. Müller, Fruthwilen
Dr. E. Müller, Kilchberg
Dr. P. Müller, Küsnacht
U. Müller, Wallisellen
W. Müller, Zollikerberg
E. Müssig, D-Gärtringen
Prof. Dr. W. Nabholz, Falera
H. Oberpaur, Falera
Dr. D. Paulus, D-Stuttgart
M. Peer, Chur
J. Peikert, Zug
A. Peng, Effretikon
Dr. M. Pfister, Zumikon
W. Pillmeier, St. Gallen
Dr. C. Portner, Haldenstein
Dr. D. Pröttel, D-Berg/Starnbergersee
Dr. W. & W. Quadt, D-Überlingen
R. Quirici, Winterthur
T. Rapold, Zürich
P. Rathgeb, Wallisellen
E. Rechsteiner, Zürich
G. Reich, D-Stuttgart
P.-J. Reichmuth AG, Freienbach
J. Reiser, Zürich
K. Rhyner, Elm

Dr. A. M. Rickenbach, Zollikon
J. & X. von Rickenbach, Falera
Dr. H. Rohr, Brugg
Dr. R. Schällibaum, St. Gallen
K. Schenker, Horgen
A. Scherer, Zürich
R. Scheuermann, Goldach
E. Schmid, Oberengstringen
M. Schmid, Herisau
Dr. P. Schmid, Ilanz
H. Schneider, Trin-Digg
M. Schnelli, Frenkendorf
H. A. Scholl, D-Erfstadt
P. Scholz, D-Donaueschingen
R. W. Schoop, Zürich
Dr. P. Schorer, St. Gallen
Dr. B. Siegfried, Zofingen
F. Siegrist, Fahrwangen
H. Sigrist, Münchenstein
B. Simmen, Zürich
N. Sobotka, Küsnacht
A. Späni, Winterthur
P. Späni, Winterthur
Sporthotel Laax, Laax
T. Sprecher, Zürich
P. Stauffenegger, Pfäffikon
H. Steinemann, Falera
H. Straub, Bachenbülach
Dr. G. Stucky, Baar
W. Studer, Zürich
H. & T. Tanner, Wallisellen
Dr. I. Tauber, Winterthur
E. Thurnheer, Möhlin
H. Trachsel, Nussbaumen
I. Tramp, D-Halstenbeck
W. Traub, Falera
Dr. W. H. Tschopp, Forch
V. Uebelhart, Zürich
O. Urech, Chur
T. T. Van den Bergen, Unterwasser
T. Villiger, Sins
M. Votteler, Falera
Dr. G. Weisflog, Urdorf
J. Wicki, Zürich
H. Wieland, Urdorf
W. Wild, Contra
J. Wohlmann, Oberengstringen
Dr. H. Wolf, Falera
P. Woodtli, Zürich
E. Würmli, Pratteln
E. & W. Wüthrich, Hemmental
Dr. S. Wyder, Forch

P. Zaugg, Feldmeilen
Dr. W. Zimmerli, Kaisten
A. Zimmermann, D-Stuttgart
F. Zoller, Wollerau
U. Zöllner, Niederpipp
Kt. Zürcherischer Tennisverband, Widen

Inhaltsverzeichnis